AF237433

DIE REGULIERTE INTERNATIONALE MARKTWIRTSCHAFT

EINE NEUE WIRTSCHAFTSORDNUNG FÜR DIE GLOBALE WELT

DIE REGULIERTE INTERNATIONALE MARKTWIRTSCHAFT

EINE NEUE WIRTSCHAFTSORDNUNG
FÜR DIE GLOBALE WELT

Bibliografische Information der Deutschen Nationalbibliothek
Die Deutsche Nationalbibliothek verzeichnet diese Publikation in der Deutschen Nationalbibliografie; detaillierte bibliografische Daten sind im Internet über http://dnb.dnb.de abrufbar.

© 2022 Gottfried Tendter

Satz, Coverdesign, Herstellung und Verlag: BoD – Books on Demand, Norderstedt

ISBN 978-3-7557-8921-5

INHALT

1 EINLEITENDE BEMERKUNGEN

Mit dem Zusammenbruch des sozialistischen Weltsystems und der
Auflösung der Sowjetunion fielen auch die Schranken der bipola-
ren Weltordnung. Der Ost-West-Konflikt, der die Welt 45 Jahre in
Angst und Schrecken hielt, war zu Ende. Die machtpolitischen Rivalitäten und die weltanschaulichen Gegensätze zwischen Moskau
und Washington hatten, zu unser aller Glück, den kalten Aggregat-
zustand nicht verlassen. Im letzten Moment siegte immer noch die
Vernunft. Die Welt atmete auf und blickte mit großer Zuversicht in
die Zukunft. Der Politikwissenschaftler Francis Fukuyama prognos-
tizierte im Sommer 1989 sogar das Ende der Geschichte.[1] Er sah mit
dem Zusammenbruch des Sozialismus und dem Sieg der liberalen
westlichen Demokratien alle wirklichen großen Fragen der Weltge-
schichte geklärt.

Tatsächlich war die Zeit nach 1989 für die internationale Entwicklung der Produktivkräfte eine weltgeschichtliche Sternstunde.
In Wissenschaft und Technik, allen voran auf den Gebieten der
modernen Kommunikation, der Informatik, der Automatisierungstechnik und des Transportwesens, vollzog sich eine regelrechte
technische Revolution. Große Datenmengen konnten jetzt un-
kompliziert, schnell, billig und zuverlässig um die Erde geschickt
und bei Bedarf millionenfach multipliziert werden. Die moderne
Technik ermöglicht es, Arbeitsprozesse beliebig zu zergliedern,
auszulagern und die Fertigung über verschiedene Orte, Länder
und Kontinente ohne zeitliche Einbuße und Gewinnschmälerung
zu koordinieren.

Der liberale Welthandel versetzte die Wirtschaft in die Lage, alle
Gebiete unseres Planeten in ihre strategischen und operativen Pla-

nungen einzubeziehen und die Erkenntnisse aus Wissenschaft und Technik im internationalen Maßstab komplex anzuwenden. Das revolutionierte das unternehmerische Denken und Handeln. Heute geht es um weltweite Märkte, Produkte und Dienstleistungen. Die Arbeit wird unter dem Blickwinkel der Effizienz rund um den Globus verteilt. Unterstützt durch einen unkomplizierten und kostengünstigen, auf Kreditkarten aufbauenden, weltweit standardisierten Zahlungsverkehr, entstehen im rasanten Tempo neue Wirtschaftsmächte, Wirtschaftszentren, Rohstoff- und Konsummärkte.

Unter konsequenter Nutzung der sich eröffnenden Chancen, hat das internationale Unternehmertum die Globalisierung der Wirtschaft auf eine völlig neue Stufe gestellt. Die globale Organisation der Wirtschaft hat Dimensionen und Strukturen erreicht, wo sie die Welt und deren Institutionen nicht mehr nur oberflächlich berührt, sondern in ihren Grundfesten regelrecht erschüttert. Nichts bisher Bewährtes und traditionell Gewachsenes scheint den Erfordernissen der Zukunft noch standzuhalten. Daran ändern auch ein unter dem ehemaligen US-Präsidenten Trump forcierter Protektionismus oder ein zeitweiliger Rückbau internationaler Lieferketten nichts Grundsätzliches.

Festzustellen ist andererseits aber auch, dass sich diese gigantischen, schon märchenhaft anmutenden wissenschaftlich-technischen und wirtschaftlichen Entwicklungen weder in einem allgemeinen weltumspannenden gesellschaftlichen Fortschritt niederschlagen noch die grundlegenden Probleme unserer Erde wesentlich entschärfen. Die Folgen des Klimawandels werden für die Weltgemeinschaft mehr und mehr zu einer völlig unkalkulierbaren Größe. Aber auch internationale Konflikte, Krisenherde und Kriege nehmen wieder merklich zu.

Die Spannungen zwischen den USA und China, der EU und Russland sind in einem Fahrwasser, das an den Kalten Krieg erinnert. Was als Geschichte geglaubt, rückt wieder auf die Tagesordnung

Nordkorea bleibt auch nach dem Gipfeltreffen von Präsident Trump und Kim Jong Un eine ernste Gefahr für den Weltfrieden und es ist sicherlich keine Übertreibung, wenn man resümiert, dass die gesamte islamische Welt gegenwärtig einem Pulverfass gleicht. Der islamisch motivierte Terrorismus bleibt eine Bedrohung für die menschliche Zivilisation.

Die mit dem Arabischen Frühling im Dezember 2010 aufkeimenden Hoffnungen haben sich nicht erfüllt. In Syrien, Jemen und Libyen herrscht statt Demokratie Bürgerkrieg. In Ägypten regiert der ehemalige Oberbefehlshaber der ägyptischen Streitkräfte und heutige Präsident Abd al-Fattah as-Sisi nicht weniger autokratisch als ehemals Mubarak. Ansätze für eine demokratische Entwicklung nach westlichem Vorbild gibt es, wenn überhaupt, nur noch in Tunesien.

Mit der Kündigung des Iran-Atomabkommens durch die USA im Mai 2018 und die erneute Inkraftsetzung von Sanktionen gegen das Land, ist ein endlich gelöst geglaubter Konflikt wieder auf die Tagesordnung gerückt, mit ernsten Gefahren für den Weltfrieden. Alle Hoffnungen ruhen hier jetzt auf dem neuen US-Präsidenten Joe Biden.

Selbst Europa, für die Welt bisher ein sicherer Orientierungspunkt für Frieden, Freiheit, Stabilität und Völkerverständigung, ist zum Problemfall geworden. Die Spannungen der EU mit Russland, der Ukraine-Konflikt, die Unruhen in Weißrussland oder der Brexit haben Krieg, Unsicherheit und Spaltung direkt vor die Haustür der Europäer gebracht. Gleichzeitig beförderten die Krisen der letzten Jahre, die Flüchtlingsströme sowie die Corona-Pandemie, die zwischen den Mitgliedsstaaten der Europäischen Union ruhenden Differenzen an die Oberfläche. Die Union ist zerstritten und für andere Länder nicht mehr attraktiv. Nationales Gedankengut und nationale Orientierungen erhalten wieder neue Nahrung.

Wenn der Generalsekretär der Vereinten Nationen, Antonio Gu-
terres, am Neujahrstag 2018 in seiner Neujahrsbotschaft „die Alarm-
stufe Rot für unsere Welt" anzeigt und im Dezember 2020, also
5 Jahre nach der Pariser Klimakonferenz, das Ausrufen des „Klima-
Notstandes" in allen Staaten unserer Erde fordert[2], ist dies nicht von
ungefähr.

32 Jahre nach der Wende ist von den Prophezeiungen Fukujamas
nicht viel übrig geblieben. Die Welt ist weder friedlicher noch ge-
rechter, sozialer oder umweltfreundlicher geworden. Dabei hat die
Globalisierung in Teilen der Welt durchaus zu einer wesentlichen
Förderung des Wohlstandes beigetragen. Wem die Integration in
den internationalen Warenaustausch gelang, hat in der Regel auch
davon profitiert. Die Industrienationen verzeichneten diesbezüglich
aufgrund ihrer bisherigen Entwicklung zweifellos einen unüberseh-
baren Vorteil.[3]

Aber auch andere Länder, allen voran die sogenannten Emerging Markets, konnten trotz immer wiederkehrender Rückschläge
deutliche wirtschaftliche Fortschritte verzeichnen. Vor einem hal-
ben Jahrhundert gehörten große Teile Ostasiens noch zu den ärmsten Regionen der Welt. Heute ist China z.B. die zweitgrößte Wirt-
schaftsmacht. Mit der Unterzeichnung des Freihandelsabkommens:
Regional Comprehensive Economic Partnership (RCEP) im Novem-
ber 2020 entstand in der Asien-Pazifik-Region die größte Freihan-
delszone der Welt.[4]

Der Weg vom Agrar- zum Industrieland, verbunden mit dem
Aufbau eines leistungsfähigen Dienstleistungssektors und eines internationalen Handels- und Kommunikationsnetzes, führte in den
aufstrebenden Ländern zu Wirtschaftswachstum, einem umfangrei-
chen Warenangebot und erhöhtem gesellschaftlichen Wohlstand.
Investitionen brachten und bringen technologischen Fortschritt,
Wissenschaft, Arbeit und Kaufkraft ins Land. Der internationale

Warenaustausch sowie die internationalen Kapital- und Finanzströme nahmen Fahrt auf und gewinnen an Kraft und Beständigkeit. Im Gegenzug werden von diesen Ländern Rechtssicherheit, politische Stabilität und der ernsthafte Wille zur allseitigen Modernisierung gefordert. Dieser Druck und der unausweichliche Zwang, sich der globalen wirtschaftlichen Entwicklung stellen zu müssen, fordern Regierung und Gesellschaft zu Reformen auf.

Trotz dieser Erfolge gelang vielen Ländern bisher aber leider nicht der Anschluss an die internationale Arbeitsteilung.

Die Länder starten mit ungleichen wirtschaftlichen, politischen und gesellschaftlichen Voraussetzungen in den globalen Wettbewerb. Die Globalisierung verläuft deshalb auch nicht gleichmäßig auf unserer Erde. „Ausgestoßene" drohen regelrecht im Elend zu verharren. Was wird aus diesen Ländern und den Menschen, die dort leben? Was wird z. B. aus Afrika?

Kein Unternehmer investiert aus reiner Nächstenliebe in eine Region, ein Land oder einen Standort. Aktiv und mobil werden er und sein Kapital nur, wenn der Einsatz sich lohnt, entsprechende Gewinne winken und das Eigentum sicher ist. Unter den gegenwärtigen Bedingungen bedeutet dies, dass die Länder sich zu den bestmöglichen Konditionen auf den internationalen Märkten feilbieten müssen. Gefragt sind hier neben Rechtssicherheit und politischer Stabilität vor allem niedrige Steuerquoten, hohe finanzielle Ansiedlungshilfen, ein unkomplizierter und billiger Zugriff auf landeseigene Ressourcen, niedrige Löhne und hohe Arbeitszeiten, niedrige Sozial- und Umweltstandards, hoch motivierte, gut ausgebildete, aber unorganisierte Arbeitskräfte und Ähnliches. Selbst Kinderarbeit ist immer noch willkommen. Nach Schätzungen der Internationalen Arbeitsorganisation (ILO) und UNICEF sind weltweit 160 Millionen Mädchen und Jungen Kinderarbeiter.[5] Sie arbeiten in der Landwirtschaft, in Fabriken, in Minen, als Dienstmädchen, Müllsammler,

Dienstboten, Straßenverkäufer, Schuhputzer oder sogar als Zwangs-arbeiter, Leibeigene, Haussklaven, Schuldknechte, Kindersoldaten, Drogenkuriere oder Prostituierte.

Dass dieser Missbrauch den Kindern in jeglicher Hinsicht schweren Schaden zufügt, bedarf hier keiner weiteren Erläuterung. Aber die Kinder müssen an Geld kommen, weil ihre Eltern vielfach nicht in der Lage sind, die Familie allein zu ernähren. Dabei gibt es gerade in den Hochburgen der Kinderarbeit, südlich der Sahara, in Asien oder in Südamerika, auch ein riesiges Heer von arbeitslosen Erwachsenen. Aber Kinderarbeit ist eben in jeder Hinsicht billiger. Kinder sind für Arbeitgeber immer noch ein einträgliches Geschäft.

Viele Menschen versuchen der ewigen Odyssee von Krieg, Unterdrückung, Ausbeutung und Armut sowie der damit verbundenen Lebensgefahr und Perspektivlosigkeit zu entfliehen. Sie machen sich mit ihren Familien auf einen abenteuerlichen Weg und suchen ihr Glück in Europa oder anderen entwickelten Regionen des Westens.

Die in den modernen Medien gezeigten Bilder von vollen Supermärkten und Warenhäusern sowie die ansprechenden politischen, wirtschaftlichen und sozialen Verhältnisse in diesen Ländern suggerieren in ihrem Verständnis eine Art Paradies. Die Verheißungen einer sicheren und friedlichen Zukunft, gepaart mit den Erwartungen auf einen bisher nicht vorstellbaren Lebensstandard, lassen alle Ängste und Gefahren in den Hintergrund treten.

Gelingt es nicht, die Länder Afrikas, Vorder- und Südasiens in absehbarer Zeit so spürbar politisch und wirtschaftlich zu stabilisieren, dass die Menschen dort für sich und ihre Kinder eine ausreichende Perspektive erkennen, werden die jetzt noch mehr oder weniger beherrschbaren Flüchtlingsströme – zusätzlich forciert durch den Klimawandel und die Corona-Pandemie – bald zu einer unbeherrschbaren Völkerwanderung, mit unabsehbaren Folgen für den Norden unserer Erdkugel. Hier ist Eile und kluges politisches Handeln vonnöten.

Hat man sich an das Wohlstandsgefälle zwischen den Industrienationen und der übrigen Welt bereits mehr oder weniger gewöhnt, so ist leider nicht zu übersehen, dass in den vergangenen Jahrzehnten die wachsende soziale Ungleichheit auch innerhalb der entwickelten Industrieländer zu einer permanenten Geisel geworden ist. Der wissenschaftlich-technische Fortschritt hat viele Arbeitsplätze überflüssig werden lassen. Gleichzeitig sind mit dem Eintritt der Schwellenländer in die Weltwirtschaft zahlreiche Arbeitsplätze von den Hoch- in die Billiglohnländer verlagert worden. Von dort werden jetzt vielfach gleichwertige Waren zu erheblich niedrigeren Preisen in den Industrieländern zum Kauf angeboten, was bei den noch ansässigen Unternehmen wiederum Zwang zur Senkung der Produktionskosten auslöst. Diese Spirale führt zu einem durchgängig ruinösen Wettbewerb, ganz besonders auch auf dem Arbeitsmarkt. Neben Arbeitslosigkeit rücken Lohndumping und prekäre Arbeitsverhältnisse auf die Tagesordnung. Dass drückt die Einkommen der breiten Masse, während Gewinne und Kapitaleinkünfte einiger Weniger unverhältnismäßig steigen.

Von 1989 bis 2010 stieg die Produktivität in den USA um 62,5 Prozent, während die realen Stundenlöhne des privaten und öffentlichen Sektors im gleichen Zeitraum gerade mal um 12 Prozent wuchsen. Ein Prozent der Amerikaner haben zwischen 1989 und 2007 56 Prozent aller Einkommenszuwächse erhalten.[6]

Die Menschen, die im Herbst 2011 in den USA im Rahmen der Occupy-Wall-Street-Bewegung mit Slogans wie: „Besetzt die Wall Street" oder „Wir sind die 99 Prozent" u. Ä. auf die Straße gingen, waren keine Krakeeler, Vagabunden oder soziale Randgruppen. Hier fand sich vor allem die Mittelschicht, die organisiert nach dem Vorbild des Arabischen Frühlings gegen die Macht der Reichen, die Macht der Banken, gegen die Abzocke der Broker, gegen Arbeitslosigkeit und für mehr Demokratie demonstrierte.

Der Vorwurf: 99 Prozent der Bevölkerung bekommt nichts, während ein Prozent immer reicher wird, wiegt schwer.

Obwohl die Arbeitslosenquote von 2010 bis 2018 von 9,61 Prozent auf 3,87 Prozent kontinuierlich gesunken ist[7], leben laut Armutsbericht der Vereinten Nationen, 40 Millionen US-Bürger in Armut, 18,5 Millionen in extremer Armut und 5,3 Millionen in der absoluten Armut der Dritten Welt. Die Vereinigten Staaten verzeichnen die höchste Einkommensungleichheit unter den westlichen Ländern.[8]

Selbst das verdiente Geld von mehreren Jobs reicht vielfach nicht zum Leben. Die Menschen spüren, dass das soziale Gefüge im Land aus dem Ruder läuft. Sie sehen für sich und ihre Kinder keine gesicherte Perspektive und fühlen sich von der Politik verlassen. Entwicklungen, die Paul Krugman bereits 2002 als „amerikanischen Albtraum" bezeichnete.[9] Der ideale Nährboden für das breite Genre der Populisten.

In Europa vollzieht sich Ähnliches. Im Zuge der Finanz- und Schuldenkrise ist auch hier das soziale Gefüge in eine gefährliche Schieflage geraten. Südeuropa wird mehr und mehr zum Armenhaus der Union.

Im Mai 2021 betrug die saisonbereinigte Arbeitslosenquote der Europäischen Union 7,3 Prozent und in der Euro-Zone 7,9 Prozent. Die traurigen Rekorde hielten Griechenland und Spanien, mit 15,4 Prozent bzw. 15,3 Prozent.[10]

Besonders erschreckend ist die Jugendarbeitslosigkeit. Im Mai 2021 betrug die saisonbereinigte Arbeitslosenquote der unter 25-Jährigen in der Europäischen Union 17,3 Prozent und in der Euro-Zone 17,5 Prozent. Die Schlusslichter sind Griechenland mit 38,2 Prozent, Spanien mit 36,9 Prozent und Italien mit 31,7 Prozent.[11]

Betrachtet man hier den Zeitraum vom Beginn der Finanzkrise 2008 bis jetzt, so steht in diesen Ländern nahezu eine ganze Generation im Abseits. Die Auswirkungen sind gegenwärtig noch gar nicht abzuschätzen.

In Deutschland betrug die saisonbereinigte Arbeitslosenquote im Juni 2021, 5,9 Prozent[12] und die Jugendarbeitslosigkeit 4,8 Prozent.[13] Deutschland ist relativ gut durch die Krisen der vergangenen Jahre gekommen. Aber wenn lt. Sozialbericht der OECD 10 Prozent der Deutschen über beinahe 60 Prozent des gesamten Nettohaushalts-vermögens[14] verfügen, so ist auch hier eine erhebliche Schieflage des sozialen Gefüges nicht zu verkennen.

Auch in Deutschland blieben im vergangenen Jahrzehnt die Löhne und Gehälter hinter den Gewinn- und Vermögenseinkommen zurück. Zwischen 2000 und 2013 sind die durchschnittlichen Bruttolöhne je Beschäftigten real sogar gesunken. Am Tiefpunkt 2009 lagen sie 4,3 Prozent niedriger als 2000. Erst 2014 wurde das Niveau von 2000 wieder überschritten, um 1,4 Prozent.[15]

Im Juni 2016 lag der Anteil der Hartz-IV-Empfänger an der Bevölkerung bundesweit bei 7,7 Prozent.[16] Seit 2017 ist die Tendenz hier leicht rückläufig.

2019, vor der Corona-Pandemie, waren in Deutschland 3,1 Millionen Menschen trotz Arbeit von Armut bedroht. Auch viele Rentner müssen weiter arbeiten gehen, weil die Rente zum Leben einfach nicht ausreicht.[17]

Verbunden mit solchen Zahlen ist stets auch Kinderarmut. 2,8 Millionen Kinder und Jugendliche unter 18 Jahren (also mehr als jedes fünfte Kind) wachsen in Deutschland in Armut auf.[18]

Die wachsende Kluft zwischen arm und reich treibt einen gefährlichen Keil in die Gesellschaft, dessen Wirkung deutliche Spuren hinterlässt. Dabei hat Deutschland eine solche Entwicklung doch überhaupt nicht nötig.

Niemand auf unserer Erde wird dauerhaft ein Leben in Frieden und Freiheit führen können, wenn aller Reichtum nur einem ganz geringen Teil der Menschheit zufällt, während die übergroße Mehrheit der Menschen, sogar trotz Arbeit, immer ärmer wird. Wie frei ist ein Leben z. B. in einer Villa, eingepfercht hinter meterhohen Mauern, auf den Mauern zum Schutz noch Rollstacheldraht, an jeder Ecke eine Videokamera und Security-Begleitung auf Schritt und Tritt? Eine solche Art der Freiheit kann weder der Einzelne noch die Gesellschaft anstreben.

Die Wirtschaft ist kein Selbstzweck, sondern sie hat gegenüber der Gesellschaft stets dienende Funktion. Das Wirtschaften muss im Dienst der Menschen stehen und unter Berücksichtigung der Endlichkeit unseres Ökosystems zur Förderung des Gemeinwohls; zu einem guten Leben der Menschen auf unserem Planeten beitragen. Diese unumstößlichen Maximen gelten selbstverständlich auch für das globale Zeitalter.

Das *gesellschaftliche* Hauptziel des globalen Wirtschaftens kann deshalb im Kern nur darin bestehen:

Bei Bewahrung der Schöpfung die Lebensqualität aller Menschen auf unserer Erde zielstrebig zu verbessern und darauf hinzuwirken, dass die Menschen auf allen Erdteilen ein würdevolles und erfolgreiches Leben führen können.

Auf diese Zielstellung ist alles globale Wirtschaften grundsätzlich auszurichten; denn alle Menschen auf unserer Erde haben Anspruch auf ein Leben in Würde und Wohlstand. Alle Menschen bedürfen der Chance auf ein gedeihliches und erfolgreiches Leben.

Aber genau das gelingt in der Praxis gegenwärtig nicht. Die Früchte des wissenschaftlich-technischen Fortschritts und der Globalisierung erntet bisher nicht die breite Masse, sondern hauptsächlich nur ein geringer, privilegierter Teil der Weltbevölkerung.

„Wenn sich 20 % der Menschen in der wohlhabenden Welt herausnehmen 80 % aller globalen Ressourcen zu verbrauchen, können wir der Frage von Gerechtigkeit nicht länger ausweichen. Wir sind eine Welt. Wir müssen sie umbauen, indem wir die Voraussetzungen schaffen, dass pro Jahr weitere 80 Millionen Menschen auf der Erde leben können."[19]

Wie sich zeigt, erfüllt sich das neoliberale Versprechen: „Wohlstand für alle" eben nicht im Selbstlauf. Nicht einmal optimistische Zukunftsaussichten sind hier berechtigt. Die uns in immer kürzeren Zeitabständen ereilenden Krisen tragen nicht schlechthin nur neue Vornamen, sondern haben infolge der globalen Verflechtungen auch gravierende weltweite Auswirkungen.

Die einzelnen Nationalstaaten sowie die existierenden internationalen Organisationen und Gremien stehen diesen Entwicklungen weitestgehend rat- und machtlos gegenüber. Maßnahmen der Politik, um die globale Wirtschaft in geordnete Bahnen zu lenken, bleiben weitestgehend wirkungslos, unvollkommenes Stückwerk und erreichen außer Aufmerksamkeit in den Medien keine nachhaltigen Veränderungen.

Infolge dieser Ohnmacht werden Arbeitslosigkeit, Sozialabbau, Ausbeutung, Ungerechtigkeit, Ausgrenzung, Raubbau an Umwelt und natürlichen Ressourcen, Wirtschafts-, Banken- und Staatskrisen sowie die damit verbundenen gesellschaftlichen Verwerfungen, vielfach sogar schon als unabänderliche Folgen, als eine Art hinzunehmendes Schicksal der Globalisierung betrachtet. Die Ungleichheit erhält mehr und mehr den Status eines unüberwindbaren Naturgesetzes. Die Sicherung der wichtigsten Grundbedürfnisse, wie z. B. ausreichend Nahrung, eine menschenwürdige Wohnung, sauberes Wasser, eine solide Grundausbildung oder eine gute ärztliche Versorgung für alle Menschen auf unserer Erde scheint in einer unerreichbaren Ferne zu liegen; ja, zu einem utopischen Gefasel zu werden.

„Der Glaube der Menschen an die Stabilität der Welt ist erschüttert wie nie zuvor seit dem Zweiten Weltkrieg. Viele sehen das Ende des Wachstums, das Ende der Technik, das Ende der Moderne – oder sogar den Anfang vom Ende der Zivilisation".[20]

Hier tritt die ganze Ohnmacht unserer Zeit zutage. Derartige Gedanken und Entwicklungen stellen aber doch den Sinn der Globalisierung völlig auf den Kopf. Was ein Segen für die gesamte Menschheit sein könnte, bürgt so in sich mehr und mehr die Gefahr eines weltumspannenden Desasters. Ein Desaster, das unser aller Frieden und Freiheit gefährdet!

Wo aber liegen für solche Entwicklungen die Ursachen? Wer zeichnet hierfür hauptsächlich verantwortlich? Was gilt es zu verändern?

Die Globalisierung ist weder von Gott gemacht, noch sind ihre negativen Auswirkungen von Gott gewollt. Hierfür zeichnet allein der Mensch verantwortlich. Sie ist auch keine Erfindung unserer Zeit, sondern eine höchst langfristig angelegte, folgerichtige und zutiefst wünschenswerte Entwicklung der kapitalistischen Wirtschaft. Marx und Engels weisen bereits 1848 im „Manifest der Kommunistischen Partei" darauf hin, dass der Kapitalismus über die ganze Erdkugel jagen wird, sich überall einnistet und „auch die barbarischste Nation in die Zivilisation" reißt.[21]

Nein, die Globalisierung der Wirtschaft an sich ist nicht die Ursache für Krisen, Ausbeutung, Arbeitslosigkeit, Armut, sozialer Ausgrenzung, Unterdrückung, Gewalt, Terrorismus, Umweltzerstörung oder Staatspleiten, sondern sie bietet ganz im Gegenteil einmalige Chancen zur nachhaltigen Bekämpfung solcher Erscheinungen und zur Erreichung eines allgemeinen Wohlstandes. Es ist auch nicht schlimm, dass das Unternehmertum wie ein Phantom rastlos um die Erde jagt und immer wieder nach Regionen Ausschau hält, wo sich das eingesetzte Kapital noch besser verwertet.

Von entscheidender Bedeutung ist vielmehr, dass diese dem Unternehmertum innewohnende Gier an keiner Stelle unseres Planeten Platz und Raum zu einer ungehemmten Entfaltung finden darf, sondern stets auf verbindliche und unumstößliche Grenzen, Spielregeln und Normen stößt, deren Einhaltung einer strengen Kontrolle unterliegen und Verstöße einer empfindlichen Sanktionierung.

Das bleibt bisher allerdings nur eine schöne Illusion, denn die Wirtschaft führt die Prozesse der Globalisierung weitestgehend unbeeinflusst, unkontrolliert und unbeirrt in ihrer ganz eigenen Regie und bestimmt nahezu im Alleingang Ziele, Spielregen und Normen des globalen Wirtschaftens. Politik und Arbeiterbewegung haben die Chancen nach 1989, sich ebenfalls global zu organisieren, wenn überhaupt, nur höchst unzureichend genutzt. Sie sind der Wirtschaft nicht gefolgt. Der eigene Nationalstaat ist für beide der Mittelpunkt des Interesses geblieben.

Dabei wird durchaus erkannt, dass die Wirtschaft und die mit ihr verbundenen Märkte mehr und mehr den nationalen Einflussbereich verlassen und in den staatsfreien Raum wechseln. Die G7- oder die G20-Treffen lassen das politische Bewusstsein erkennen, globale Probleme auch durch eine globale Herangehensweise lösen zu müssen.

Aber auch diese politischen und wirtschaftlichen Schwergewichte handeln letztlich vorrangig wieder in ihrem eigenen Interesse. Sie können auch die internationale Staatengemeinschaft in ihrer Vielfalt und Vielschichtigkeit nicht repräsentieren. Gleichfalls haben die Beschlüsse dieser informellen Foren keinen rechtlichen Status und bleiben deshalb vielfach nur „gutwillige Bekundungen".

An der Arbeiterbewegung und ihren Organisationen indes, scheint die Globalisierung allerdings nahezu ganz vorbeigegangen zu sein. Die Funktionäre haben sich im nationalen Rahmen gut eingerichtet und genießen die Vorzüge ihrer gut bezahlten Stellungen. Einen internationalen Schulterschluss gibt es weder zwischen den Industrienationen, geschweige denn mit den Schwellen- und Entwicklungsländern. In Europa gibt es zwar den Europäischen Gewerkschaftsbund (EGB). Seine Bedeutung für Europa und die Welt ist allerdings sehr bescheiden.

Die Wirtschaft ist unbestritten gegenwärtig die Haupttriebfeder der internationalen Entwicklung und der Hauptkonstrukteur der internationalen Netzwerke. Alle anderen gesellschaftlichen Institutionen sind im Nachhinein mehr oder weniger nur noch gezwungen, dem Voranschreiten, dem Drängen und den Interessen der Wirtschaft zu folgen.

Dieser Zustand eröffnet der Wirtschaft alle Möglichkeiten der internationalen Selbstentfaltung. Leider vielfach auch mit den Folgen, dass Gier, Gewinnsucht und Egoismus in den Vordergrund treten. Die Wirtschaft manipuliert die Spielregeln des Wirtschaftens in ihrem Sinn. Spekulanten formulieren nicht nur die Erwartungen, sondern sorgen auch gleich selbst dafür, dass diese Erwartungen in Erfüllung gehen. Die Finanzwirtschaft verliert völlig die Bodenhaftung. Ihre dienende Funktion gegenüber der Realwirtschaft wird zur Nebensache. Sie verselbstständigt sich mit eigenen Produkten. Das Geld gewinnt an Eigendynamik, dreht sich um sich selbst und vermehrt sich wie von Geisterhand. Vermögensverwalter und Fondsmanager verfügen in unvorstellbaren Dimensionen über das Geld anderer, lassen es heckend um den Erdball kreisen und verschaffen sich so einen bisher nicht gekannten Einfluss in Politik und

Wirtschaft. „Die neue Illusion, dass dies uns am Ende alle reicher machen wird, ist in Wahrheit die neue Gefahr, dass die Welt schon bald ihre nächste große Weltwirtschaftskrise erfährt."[22]

Die Wirtschaft errichtet so ihr ganz eigenes Machtsystem, wird zum Selbstzweck und entledigt sich ihrer dienenden Funktion gegenüber der Gesellschaft.

Es ist ein völliger Irrtum zu glauben, dass die Wirtschaft (vielleicht auch noch die kapitalistische) ihr Handeln im Selbstlauf auf das gesellschaftliche Hauptziel des globalen Wirtschaftens ausrichtet oder die Stabilität der Gesellschaft in den Mittelpunkt ihres Wirkens stellt.

Nein, auf Derartiges orientiert sich die Wirtschaft nicht aus sich heraus. Solche Aufgabenstellungen würden sie im Kern auch völlig überfordern. Vielmehr bedarf es einer übergeordneten politischen Macht bzw. Institution, die das Wirken der global organisierten Wirtschaft zielstrebig auf das vorn genannte gesellschaftliche Hauptziel orientiert.

Auf unserer Erde gibt es gegenwärtig aber keine autorisierte Macht, die der international agierenden Wirtschaft einen verbindlich ordnenden Rahmen setzt und sie nach entsprechenden Zielen und Normen führt. Es gibt keine international autorisierte Macht und keine verpflichtenden Institutionen, die aus dem gesellschaftlichen Hauptziel des globalen Wirtschaftens notwendige Teilziele und Teilaufgaben ableiten, diese der Wirtschaft mit erkennbarer Aussicht auf ökonomischen Erfolg zur Realisierung anbieten, verbindliche Kriterien, Regeln, Normen und Verbote für die Zielerfüllung und das globale Wirtschaften vorgeben, die Einhaltung dieser Vorgaben sorgfältig kontrollieren, Verfehlungen aufgreifen und sie mit der erforderlichen Konsequenz auch strafrechtlich verfolgen können. Im internationalen Recht z. B. herrscht gegenwärtig vielfach eine Art Anarchie, sodass Straftaten, wenn überhaupt, oft nur mit größten Schwierigkeiten strafrechtlich verfolgt und grenzüberschreitende Streitfälle nur selten erfolgreich geschlichtet werden können. Einige Länder und Personen sind hier einfach „gleicher".

Nach 1989 glaubte man zunächst, dass die USA als verbleibende Supermacht die Rolle des „Weltgestalters" übernehmen könnte. Kritiker, die das stets bezweifelten, sollten Recht behalten. Dieses Land konnte der internationalen Staatengemeinschaft in der jüngsten Vergangenheit keine gestaltenden Impulse geben. Auch wird sich die moderne globale Welt auf Dauer niemals der Dominanz einzelner sogenannter Supermächte unterwerfen, wer immer diese auch sein mögen.

Die Weltgemeinschaft verlangt vielmehr nach international autorisierten Organisationen und Institutionen, die sich den politischen, wirtschaftlichen und gesellschaftlichen Problemen unserer Zeit, unter dem Blickwinkel der Gleichberechtigung aller Akteure, stellen und diese einer zielstrebigen Lösung zuführen. Ohne das Wirken solcher Organisationen und Institutionen können Lösungen für die vorn aufgeworfenen Fragen und Probleme stets nur unbefriedigendes Stückwerk bleiben.

Die Vereinten Nationen sollten hier in den Fokus rücken. Aber wie später noch gezeigt wird, können die Vereinten Nationen die o. g. Anforderungen gegenwärtig überhaupt nicht erfüllen. Nationaler Egoismus und einmal erworbene historische Privilegien überlagern auch hier wie ein Spinnennetz das Handeln dieser Organisation. Die Vereinten Nationen bewegen sich in einem historisch längst überholten Rahmen, in einem historisch längst überholten Korsett, das der modernen internationalen Staatengemeinschaft mit ihrer Vielfalt an Problemen und Aufgaben überhaupt nicht mehr gerecht wird. Von der Gleichberechtigung der Mitglieder ganz zu schweigen.

Dies zu ändern oder diesbezüglich zumindest wirksame Anstöße auf den Weg zu bringen ist deshalb ein unabdingbares Erfordernis unserer Zeit.

Speziell unter der Präsidentschaft von Donald Trump wurden Macht und Einfluss bestehender internationaler Organisationen und Gremien immer wieder bewusst infrage gestellt. Die mit der Präsidentschaft verbundene Renationalisierung der Wirtschaft und sein demonstratives Desinteresse an internationalen Treffen und Foren haben nicht nur den Welthandel geschwächt, sondern auch dem Ansehen internationaler Organisationen weiter geschadet.

Gleichzeitig ist aber der Weltöffentlichkeit auch vor Augen geführt worden, dass solche Organisationen, wie z. B. die Vereinten Nationen oder die WTO, ihre Aufgaben gegenwärtig längst nicht so erfüllen, wie es notwendig wäre; oder besser, so erfüllen können, wie es die moderne globale Welt verlangt.

Eine Globalisierung unter Federführung der Wirtschaft führt weder zum Schutz von Klima und Umwelt noch zu ausgewogenen Lebensverhältnissen und schon gar nicht zur Entwicklung einer modernen, gleichberechtigten und friedfertigen Weltgemeinschaft.

Nach Schätzungen der Vereinten Nationen wird die Weltbevölkerung bis 2050 auf fast 10 Milliarden Menschen anwachsen.[23] Der größte Zuwachs wird in Afrika, südlich der Sahara, der heute bereits ärmsten Region der Welt, erwartet. Gleichzeitig lehnen sich die aufstrebenden Länder wie China, Indien oder Brasilien immer stärker an den Lebensstil der Industrienationen an. Auch die Menschen in Afrika und den anderen bisher vernachlässigten Regionen unserer Erde werden künftig ihren Anteil einfordern und vom Wohlstand partizipieren wollen. Diesen finden sie aber, von einigen Ausnahmen abgesehen, nicht irgendwo in der Welt, sondern den müssen sie in erster Linie in ihrer angestammten Heimat finden.

Die Zukunft fordert uns also heraus. Wissenschaft und Technik werden die internationale Entwicklung der Produktivkräfte weiter vorantreiben. Die Prozesse der Globalisierung sind unumkehrbar, auch wenn sie vorübergehend immer wieder mal an Fahrt verlieren.

Gefragt ist verantwortungsvolles, bewusstes, internationales Handeln in Politik und Gesellschaft. Wir müssen es lernen, international verbindlichen Zielen, Aufgaben und Normen den Vorrang vor nationalen Interessen und Befindlichkeiten einzuräumen.

Wir Menschen müssen begreifen, dass man auf Kosten anderer nicht dauerhaft in Frieden und Freiheit leben kann. Unterdrückung und Ausbeutung waren noch nie tragende Fundamente. Die Geschichte hat die Unterdrücker und Ausbeuter stets wieder eingeholt.

Wir müssen begreifen, dass die Möglichkeiten unserer Erde begrenzt sind, Umwelt und Klima keine größeren Belastungen mehr vertragen und die natürlichen Ressourcen, auch bei immer besseren Abbau- und Aufbereitungsverfahren, nicht endlos sind. Ignoranz, Sorglosigkeit, Verschwendung und Raubbau sind hier die schlechtesten Ratgeber.

Ob und wie wir die Herausforderungen der Zukunft meistern, hängt neben dem politischen Willen entscheidend mit davon ab, wie es gelingt, das globale Wirtschaften auf das gesellschaftliche Hauptziel zu konzentrieren. Das verlangt nach einer klaren, zielstrebigen, ganz bewussten Führung der Weltwirtschaft und nach einer mit der notwendigen Macht und dem notwendigen Fachwissen ausgestatteten, international autorisierten Institution, die die globale Wirtschaft nach der gesellschaftlichen Zielstellung des globalen Wirtschaftens führen kann.

Ein solcher Schritt muss der internationalen Gemeinschaft gelingen, sonst wird unsere Welt immer wieder in unversöhnliche Machtblöcke zerfallen. In diesem Sinne gilt es, alles daran zu setzen, um einen nächsten Kalten Krieg frühzeitig die Basis zu entziehen.

Aber ist der moderne, international organisierte Kapitalismus, in seiner ganzen globalen Komplexität und seiner fortgeschrittenen Verselbstständigung, überhaupt noch im Dienste der Weltgemeinschaft beherrsch- und beeinflussbar, lässt sich dieser Kapitalismus überhaupt noch im Sinne des gesellschaftlichen Hauptzieles regulieren?

Wenn, dann wie und von wem?

Wer soll eine solche Weltwirtschaft führen, Regeln und Normen für das globale Wirtschaften aufstellen, ihre Einhaltung kontrollieren und international verbindlich Recht sprechen?

Welche Wirtschaftsordnung kann den künftigen Herausforderungen überhaupt noch genügen?

Welche Entwicklungen und welche Stellung sollte Europa – unsere Heimat – in einer globalen multipolaren Welt anstreben, damit wir die Zukunft nach unseren liberalen rechtsstaatlichen Werten mit gestalten können und den Völkern auch künftig ein Garant für Frieden, Freiheit, Völkerverständigung und Wohlstand sind?

Der Verfasser greift nachfolgend die aufgeworfenen Fragen auf. Dabei zwingt die Komplexität der Thematik das Wesentliche in den Ausführungen nicht zu verlassen. Geöffnet werden soll vor allem der Blick für neue Perspektiven und Lösungen; für notwendige politische, wirtschaftliche und gesellschaftliche Veränderungen, sodass die Früchte der Globalisierung letztlich allen Menschen auf unserer Erde zugutekommen. Der Verfasser wendet sich deshalb insbesondere an die Avantgarde unserer Zeit, an interessierte Menschen in Politik, Wissenschaft und Gesellschaft, die nicht in alten Klischees, übersteigerten nationalen Denkschemen oder im ganz persönlichem Egoismus verharren, sondern die atemberaubenden Entwicklungen in Wissenschaft, Technik und Wirtschaft als Herausforderung und Chance erkennen, sich dem eigenen und dem Leben nachfolgender Generationen verpflichtet fühlen und begreifen, dass nationale Politik nur noch dann Zukunft und Tragweite besitzt, wenn sie international abgestimmt und Bestandteil eines tragfähigen, weltumspannenden Gesamtkonzeptes ist.

2 DIE GLOBALE WIRTSCHAFT IM DIENST DER MENSCHHEIT

2.1 Wissenschaft und Technik revolutionieren Kapital und Arbeit

Die Quelle für Wertschöpfung, Arbeit und Wohlstand liegt im Unternehmen, der kleinsten Einheit eines Wirtschaftssystems. Jedes Unternehmen besitzt eine Funktion und ist durch ganz spezielle Ziele charakterisiert. Zur Realisierung dieser Ziele müssen bestimmte Eingangsgrößen in gewünschte Ausgangsgrößen transformiert werden. Für diese Transformation benötigt man entsprechende Prozesse sowie eine endliche Menge miteinander verkoppelter Elemente, also materielle Träger, über die die Prozesse zielstrebig realisiert werden.

Prozesse sind sinnvoll miteinander verkoppelte Handlungen zwecks der Erreichung eines Zieles oder der Erfüllung einer Aufgabe. Je genauer diese Handlungen und ihre Verkopplungen beschrieben und vorgegeben werden können, desto sicherer erreicht man in einer bestimmten Zeit das gewünschte Ziel bzw. desto sicherer erfüllt man in einer bestimmten Zeit eine vorgegebene Aufgabe.

Vollständig und detailliert sind solche Beschreibungen bei Routineprozessen möglich. Hier kann z. B. mithilfe von Algorithmen, in einer Art Technologie zwingend vorgegeben werden, was im Einzelnen wann zu tun ist, um das gewünschte Ergebnis in der vorgegebenen Zeit und Qualität zu erreichen. Routineprozesse eignen sich damit hervorragend zur Modellierung, Normierung und Automatisierung.

Anders liegt der Sachverhalt bei schöpferischen Prozessen. Sie bestechen durch Einmaligkeit. Im Zentrum steht hier die Idee. Für schöpferische Prozesse gibt es keine vollständigen Lösungsvorschriften, sondern höchstens Handlungsanleitungen hinsichtlich eines zielstrebigen Vorgehens bei der Problembearbeitung in Form von heuristischen Programmen. Dieser schöpferische Bereich wird deshalb zweifellos auch in Zukunft für die Menschen ein breites und vielschichtiges Betätigungsfeld bieten.

Aber der digitale Wandel dringt mehr und mehr auch in die Wissensarbeit vor. Bereits heute schon erweitern selbstlernende Algorithmen, z. B. auf der Basis von Versuch und Irrtum, ihre Fähigkeiten und ihren Wirkungsbereich, ganz ohne das Zutun des Menschen. Wenn man bedenkt, dass sich die Rechnerleistung der Computerchips ca. alle zwei Jahre verdoppelt und die Fülle der Daten schier unerschöpflich wird, ist der Weg zu einer künstlichen Intelligenz, die eigene Programme schreibt, diese selbstständig anwendet, vernetzt und vervollkommnet, nicht mehr weit. Die Kontrolle über diese Algorithmen und Maschinen zu behalten, wird für die Menschheit zu einer echten Herausforderung. Die Entwicklungen auf diesem Gebiet dürfen deshalb nicht einzelnen Konzernen oder einzelnen Staaten allein vorbehalten bleiben.

Ist ausgehend von den Zielen des Unternehmens die Prozessorganisation in ihren Grundzügen fixiert und damit klar, *was* gemacht werden muss, rückt zwangsläufig die Frage in den Mittelpunkt, *wer* diese Prozesse im Einzelnen realisieren soll. Die Aufbauorganisation baut also auf den Lösungen der Ablauforganisation auf. Die Prozesse müssen an materielle Träger gebunden werden, denn nur über sie ist ihre Realisierung letztlich möglich. Dabei lassen sich diese materiellen Träger, bei entsprechender Abstraktion, in zwei grundsätzliche Hauptgruppen gliedern: in Mensch und Maschine, wobei Letzteres die Vielfalt der Anlagen- und Übertragungssysteme einschließt.

Im Rahmen der Funktionserfüllung laufen in einem Unternehmen eine Vielzahl von routine- und schöpferischen Prozessen zeitlich parallel oder reihenfolgeorientiert ab. Gleichzeitig strebt jedes Unternehmen nach einer von höchster Wirtschaftlichkeit getragenen Prozessgestaltung und Prozessrealisierung. Mit größter Sorgfalt wird deshalb geprüft und herausgefiltert, welche Prozesse in welcher Verschaltung notwendig sind und welche Träger sich für die Prozessbearbeitung am besten eignen. Konsequent nutzen die Unternehmungen hier die Möglichkeiten des wissenschaftlich-technischen Fortschritts; und diese haben sich gerade in den vergangenen Jahrzehnten einer industriellen Revolution gleichend verändert. Das „Internet der Dinge", in Deutschland als „Industrie 4.0" bezeichnet, ist der nächste wesentliche Schritt zur vollautomatisierten Produktion. Moderne Sensorik kombiniert mit leistungsfähigen, leicht programmier-, bedien- und transportierbaren, billigen und kaum noch störanfälligen Kleincomputern ermöglichen die durchgängige Digitalisierung der Industrie und letztlich die totale digitale Transformation der Wirtschaft.

„In der neu entstehenden Smart Factory herrscht eine völlig neue Produktionslogik: Die intelligenten Produkte sind eindeutig identifizierbar, jederzeit lokalisierbar und kennen ihre Historie, ihren aktuellen Zustand sowie alternative Wege zum Zielzustand. Die eingebetteten Produktionssysteme sind vertikal mit betriebswirtschaftlichen Prozessen innerhalb von Fabriken und Unternehmen vernetzt und horizontal zu verteilten, in Echtzeit steuerbaren Wertschöpfungsnetzwerken verknüpft – von der Bestellung bis zur Ausgangslogistik. Gleichzeitig ermöglichen und erfordern sie ein durchgängiges Engineering über die gesamte Wertschöpfungskette hinweg."[24]

Fertigungslinien mit Umrüstzeiten im Sekundenbereich rücken den ganz speziellen Kundenwunsch und die Fertigung von vielen Varianten in kleinen Stückzahlen, ja selbst die „Losgröße 1", in den

Blickwinkel der Normalität. Dies wird neben den Giganten der Industrie vor allem auch die mittelständischen Unternehmungen und die Kleinbetriebe überzeugen. Die logische Folge ist, dass auch in diesen Wirtschaftseinheiten die Prozessautomatisierung durchgängig Einzug hält. 4.0 wird hier zur Überlebensfrage.

Die Vorteile der modernen Technik in Bezug auf die menschliche Arbeitskraft liegen auf der Hand:

○ konstant hohe Leistung und Qualität
○ höchste Flexibilität; auch in Bezug notwendiger Standortwechsel
○ problemlose Extensivierung der Auslastung (z. B. Schichtbetrieb)
○ keine individuellen und persönlichkeitsbedingten Merkmale, Charakteristiken, Ausfälle und Einschränkungen
○ keinerlei soziale Abgaben, Forderungen und Verpflichtungen
○ Senkung der Personalkosten, schlanker Leitungsaufbau mit kurzen Entscheidungswegen
○ günstige Abschreibungs- und Finanzierungsmöglichkeiten, staatliche Zuschüsse u. Ä.

Mit dieser Maschinerie kann der Mensch als Prozessbearbeiter nur noch schwer konkurrieren.

Die völlig neuen Möglichkeiten der Prozessgestaltung und der Prozessrealisierung sowie die damit verbundenen Chancen der Unternehmensentwicklung, der Druck der Konkurrenz und die Gier nach Extragewinn, regen die Unternehmen permanent zur Modernisierung an, was die technische Zusammensetzung des Kapitals, welche durch das Verhältnis zwischen eingesetzten Produktionsmitteln und den Arbeitskräften charakterisiert ist, sprunghaft ansteigen lässt.[25] Dies führt in den Unternehmen zu enormen Produktivitätssteigerungen, gleichzeitig aber auch zu einer wachsenden Entkopplung der Investitionen von der Beschäftigung; wobei niedrige Zinsen diesem Entkopplungsprozess noch einen zusätzlichen Schub verleihen.

Die bekannten Wechselwirkungen zwischen dem Tätigen von Investitionen und dem Entstehen neuer Arbeitsplätze verlieren an Stabilität. Viele Prozesse sind von vornherein so geartet und verknüpft, dass sie der Mensch überhaupt nicht mehr bearbeiten kann und ein Einsatz von Maschinen zwingend notwendig ist. Voll automatisierte Fertigungsstraßen und ein international komplex vernetztes Management verdrängen zielstrebig die lebendige Arbeit.

Auch wenn an anderer Stelle immer wieder neue Arbeitsplätze geschaffen und alte Berufsbilder durch neue ersetzt werden oder auch ganz neue Berufe entstehen, benötigen die Unternehmen in der Konsequenz für die Zielerfüllung und für die Erwirtschaftung des Ergebnisses immer weniger Arbeit. Die Wirtschaft produziert zwar auch weiterhin für die Gesellschaft, aber tendenziell immer mehr ohne sie. Wirtschaftliche Erholungen lassen deshalb auch vielfach ein aus der Vergangenheit gewohntes Jobwachstum vermissen.

2011 waren z. B. in Deutschland nur noch knapp 21 Prozent der Erwerbstätigen in der Industrie beschäftigt. Die Tendenz ist weiter fallend. Bis 2030 wird die Industriebeschäftigung aller Voraussicht nach auf einen Anteil von ca. 17 Prozent schrumpfen.[26]

Mit dieser abnehmenden Beschäftigung verschiebt sich leider auch das Bild bezüglich der Bedeutung der Industrie. Politik und Gesellschaft kommen vielfach zu der Annahme, dass die Industrie in einer entwickelten Dienstleistungsgesellschaft nur noch eine untergeordnete Rolle spielen wird. Der Glaube an eine deindustrialisierte Dienstleistungsgesellschaft ist aber äußerst verhängnisvoll, denn es wird übersehen, dass erst eine leistungs- und wettbewerbsfähige Industrie die notwendigen Voraussetzungen für ein dynamisches Wachstum des Dienstleistungssektors schafft. Dieser Zusammenhang fordert Politik und Gesellschaft dazu auf, den Stellenwert und die Belange der modernen Industrie auch in Zukunft verantwortungsbewusst einzuordnen. Deutschlands globale Stärke und Standfestigkeit in den bisherigen Krisen bestand vorrangig darin, dass dieses Land über einen stabilen Kern international wettbewerbsfähiger Industrie verfügt. Wenn der frühere EU-Kommissionspräsident, Jean-Claude Junker, zur weiteren Steigerung des Anteils der Industrie am Bruttoinlandsprodukt der EU aufforderte, so kann dem nur zugestimmt werden.[27]

Rationalisierung und Automatisierung haben neben der Industrie längst auch den Dienstleistungssektor und alle anderen Bereiche des gesellschaftlichen Lebens erfasst. Die Menschen werden aus den Unternehmen gedrängt und ihre Arbeit von Maschinen übernommen oder durch rationellere Abläufe gänzlich eingespart. Selbst der Staat in seiner Funktion als Arbeitgeber macht hier keine Ausnahme.

Die neue Technik lässt wenig Raum für gering Qualifizierte und Arbeitskräfte ohne Berufserfahrung. Nachgefragt wird vorrangig hochqualifiziertes ingenieurtechnisches Personal. Es ist die Zeit der Spezialisten. Sie werden umworben und ihre Arbeit vorbildlich honoriert. Auf der Strecke bleiben vornehmlich Menschen, die keinen Schulabschluss, keinen Berufsabschluss haben oder älter als 55 Jahre sind, sowie Berufseinsteiger, die logischer Weise noch keinen erfolgreichen Praxisnachweis beilegen können.

4.0 und die damit verbundene komplexe Prozessautomatisierung, werden deshalb auch zwangsläufig zu einer Ausweitung und Verfestigung der Langzeitarbeitslosigkeit und zu einer Zunahme der prekären Arbeitsverhältnisse führen.

Hier gilt es allerdings zu beachten, dass Arbeit nicht nur aus dem Scheck besteht, den man für sie erhält, sondern dass Arbeit für den Menschen von existenzieller Art ist.[28] Natürlich ist sie immer noch die entscheidende Einkommensquelle, aber ihre Bedeutung geht weit über diesen Scheck hinaus. Durch die Arbeit hebt der Mensch sich vom Tierreich ab. Sie schafft Lebensqualität, fördert soziale Beziehungen, integriert die Menschen in die Gesellschaft, verschafft Anerkennung und trägt entscheidend zur Verwirklichung und Vervollkommnung der Menschen bei. Der Mensch kann auf Dauer mit einer Situation, die durch Überflüssigkeit, Ausgrenzung, sozialer Not und Zukunftsangst gekennzeichnet ist, nicht leben. Er ist ein soziales Wesen und braucht für ein erfülltes Leben mehr als nur eine materielle Notsicherung. Es geht hier um Lebensinhalte und Perspektiven, um das Gefühl der gesellschaftlichen Zugehörigkeit und des Gebrauchtwerdens, um das Gefühl, ein aktiver Teil der Gesellschaft sein zu können.

Dabei ist effizientes unternehmerisches Handeln durchaus nichts Unmoralisches[29], sondern trägt im Gegenteil maßgeblich mit zum Wohlstand der Gesellschaft bei. Wichtig aber ist zu erkennen, dass die o. g. Prozesse die Erwerbsmöglichkeiten und den Zugang zur Arbeitswelt grundlegend verändern, mit nicht zuletzt auch gravierenden Auswirkungen auf die bisherigen gesellschaftlichen Einkommens- und Vermögensstrukturen. Ein solcher gravierender Strukturwandel kann und darf deshalb nicht dem Selbstlauf überlassen werden. Jede Gesellschaft ist gut beraten, derartige Veränderungen frühzeitig gestaltend zu begleiten und zielstrebig in geordnete Bahnen zu lenken. Hier hängen die Einheit der Gesellschaft, der gesellschaftliche Frieden, die Demokratie und unser aller Freiheit an einem sehr seidenen Faden.

Die Bewältigung solcher struktureller Veränderungen ist Aufgabe der gesamten Gesellschaft. Geführt werden muss dieser Prozess von der Politik in enger Zusammenarbeit mit der Wirtschaft und den Gewerkschaften. Notwendig ist eine völlig neue gesellschaftspolitische Einordnung, Gestaltung, Bewertung und Organisation des Produktionsfaktors: Arbeit.

Die modernen Produktivkräfte treiben die internationale Entwicklung der Wirtschaft in einem bisher nicht gekannten Maße voran. Die Wirtschaftsgiganten haben einen stetig wachsenden Bedarf an Rohstoffen, Energie, Spezialisten, Forschung, Dienstleistungen u. Ä. und sie benötigen neben einer modernen leistungsfähigen Infrastruktur vor allem auch eine permanent wachsende Nachfrage nach ihren Produkten und Diensten.

Solche Reproduktionsbedingungen überfordern mehr und mehr auch die Möglichkeiten großer Nationalstaaten. Die Wirtschaft gerät deshalb auch zunehmend mit den nationalen Gegebenheiten in Konflikt, drückt gegen die sie hemmenden nationalen Schranken und strebt nach einer bedingungslosen, allseitigen internationalen Entfaltung. Sie verlangt nach internationaler Produktion, nach einem internationalen Waren- und Arbeitskräfteaustausch, nach einem unkomplizierten internationalen Geldverkehr, nach internationaler Arbeitsorganisation, Arbeitsteilung und Kooperation, nach freier internationaler Forschung und Entwicklung, nach einem ungehinderten Zugriff auf die weltweiten Ressourcen sowie nach einem internationalen Macht- und Rechtssystem, das weitestgehend auf ihre Bedürfnisse zugeschnitten ist.

All diese Verlangen schienen sich 1989, mit dem Ende der Bipolarität, praktisch über Nacht zu erfüllen. Der Wirtschaft stand auf einmal die ganze Welt nahezu uneingeschränkt offen. Die Bedingungen, neue Absatzmärkte zu erschließen, an neue Rohstoffquellen, billige Arbeitskräfte und Immobilien zu gelangen waren historisch einmalig günstig. Solche Chancen machen das Kapital mobil und kreativ. Kurzfristig gefragt waren neue, den Märkten angepasste Produkte und Leistungen, eine vielseitig nutzbare, handliche, kostengünstige und sichere Informationstechnik für die schnelle, unkomplizierte internationale Kommunikation, moderne leistungsfähige Transportmittel und eine ausgefeilte Logistik, um die Güter und Waren weltweit billig transportieren zu können.

Die Erschließung der neuen Märkte, die Entwicklung neuer Produkte und Güter, der Aufbau eines weltumspannenden Handels- und Transportnetzes, die Verlegung großer Teile des produktiven Kapitals in die Schwellen- und Entwicklungsländer u.Ä. haben einen enormen Kapitalbedarf und enorme internationale Kapitalströme induziert. Der Aufbau eines global agierenden Finanzwesens war unumgänglich, denn ohne diesen Weltkapitalmarkt wäre auch eine Globalisierung der Wirtschaft in diesem Ausmaß überhaupt nicht möglich gewesen. Die Finanziers trafen auf ideale Bedingungen: hoher Kapitalbedarf und deregulierter Kapitalismus. Der Nährboden für die weltweite Spekulation hätte nicht besser sein können. Das Finanzkapital hat die sich bietenden Chancen genutzt und sich zu einer dominanten globalen Macht entwickelt, die von keinem Nationalstaat mehr wirkungsvoll kontrolliert werden kann. Die Finanzgeschäfte machen in etwa das Vierfache der Gütermärkte aus.[30]

Das Geld ist zu einer Art Fetisch verkommen. Die Tätigkeiten der Akteure sind vorwiegend nur noch am kurzfristigen Erfolg orientiert. Die Aktien und mit ihnen die Unternehmen werden zu anonymen Spekulationsobjekten. Menschen, Nationen und ihre Interessen treten in den Hintergrund.

Nun könnte man annehmen, dass weltweit eine regelrechte Unmenge von Personen und Institutionen die finanziellen Lebensadern der globalen Wirtschaft speisen und die Geschehnisse der kapitalistischen Wirtschaft merklich beeinflussen. Stimmt man Ersterem zunächst noch zu, so ist gleichzeitig festzustellen, dass nur ganz wenige internationale Geldgeber und Geldinstitute wirklichen echten Einfluss auf die globale Wirtschaftswelt haben. In „Wem gehört die Welt?" arbeitet Hans-Jürgen Jakobs eindrucksvoll heraus, dass im Fall einer erneuten Krise, wie 2007/2008, im Kern nur die Handlungsbereitschaft von sechs Finanzmagnaten reichen würde, um die gravierendsten Folgen für die Welt erst einmal abzuwenden. Zu den „G6" der Weltfinanzwirtschaft werden derzeit gezählt:

„Larry Fink von Blackrock, der Herr über 4,9 Billionen Dollar; Stephen Schwarzman von Blackstone, der König aller ‚alternativen Investments' und größter Immobilienbesitzer der Welt; Warren Buffet von Berkshire Hathaway, bedeutendster Einzelaktionär des Weltkapitalismus und Meinungsmacher; Jamie Dimon von JP Morgan, Chef der wichtigsten amerikanischen Bank; Lou Jiwei, Chinas Finanzminister und Herr über zwei große Staatsfonds sowie die vier größten Banken der Welt; Khalifa bin Zayed al Nahyan, Scheich von Abu Dhabi und quasi oberster Repräsentant arabischer Fonds."[31]

Bei dieser Konzentration von Geld auf wenige Stellen, ist es nicht von ungefähr, dass bei nahezu allen maßgebenden Unternehmungen dieser Welt immer wieder die gleichen Geldgeber als Gesellschafter oder Aktionäre vertreten sind, die dann natürlich auch ihre Vorstellungen und Erwartungen mit aller Deutlichkeit und mit allem Nachdruck formulieren.

Bringt man es auf den Punkt, so verkörpern diese internationalen Geldgeber die geballte Macht über die Weltwirtschaft. Mit dem ihnen anvertrauten Geld beeinflussen sie nicht nur das Auf und Ab der Märkte an den Börsen, sondern vor allem auch die generellen Ziele und Entwicklungsrichtungen der globalen Wirtschaft überhaupt. Nachfolgendes Zitat muss deshalb nicht nur jeden Demokraten, sondern jeden Bürger auf unserer Erde zum Nachdenken anregen:

„Auch die Konzepte zur Rettung der Wirtschaft nach dem Debakel von 2008 sind in den USA im Übrigen nicht von der Regierung des Präsidenten Barack Obama geschrieben worden oder von einem Think-Tank aus klugen Ökonomen, Politikwissenschaftlern und Statistikern, sondern in Wahrheit maßgeblich von Blackrock, Goldman Sachs und JP Morgan."[32]

Dass die Wissenschaft an dieser Stelle ausfällt, ist wenig verwunderlich. Ehe sich hier ein entsprechendes Gremium konstituiert hätte und eine Lösung gefunden worden wäre, wo sich jedes Gremiumsmitglied ausreichend repräsentiert wiederfindet, wäre das Kind mit Sicherheit schon längst in den Brunnen gefallen. Selbst bei rechtzeitiger Vorlage einer brauchbaren Lösung wäre die Umsetzung höchst fraglich gewesen, weil die Geldgeber letztlich nur das finanzieren, was für sie von entsprechendem Nutzen ist.

Das Dilemma der Politik liegt ähnlich. Selbst wenn man annimmt, dass die jeweiligen Fachministerien auch tatsächlich mit entsprechenden Fachleuten besetzt sind und eine brauchbare Lösung gefunden wird, kann kein Nationalstaat allein die in einem solchen Fall benötigte Liquidität in der erforderlichen Zeit aufbringen. Aber internationale Geldgeber springen auch hier nur ein, wenn die Lösungen ihnen die nötigen Vorteile garantieren.

Die Abhängigkeit der Politik vom internationalen Finanzkapital ist weder zu übersehen noch zu leugnen. Das bleibt speziell auch in den westlichen Demokratien den Wählerinnen und Wählern nicht verborgen. Sie registrieren sehr genau, dass selbst neue Mehrheitsverhältnisse nichts Wesentliches bewirken bzw. verändern. Hoffnungen und Auswege werden jetzt verstärkt mit dem Schlagwort der „Renationalisierung" verbunden. Natürlich kann ein wirtschaftlich und politisch einflussreiches Land z. B. durch das Erheben von Steuern und Zöllen den internationalen Waren- und Kapitalverkehr beeinflussen. Aber die Effekte, wenn es denn überhaupt welche gibt, haben doch keine Nachhaltigkeit. Die Globalisierung lässt sich durch solche einseitigen Störungen nicht aufhalten. In einer globalen digitalen Welt wird jedes Land, das für sich allein kämpft, letztlich ein Verlierer sein.

Im internationalen Maßstab wirklich gestalten und kontrollieren kann die Politik nur, wenn sie die Macht über die globale Wirtschaft und damit auch über das internationale Finanzkapital erlangt. Dies wird ihr nur gelingen, wenn sie sich selbst global aufstellt und den nationalen Egoismus den Weisungen einer übergeordneten autorisierten internationalen politischen Institution unterordnet.

2.2 Nationaler Einfluss

Für moderne Großunternehmen steht die heimische Nachfrage in keinem Verhältnis zur möglichen Leistung. Für ihre Reproduktion benötigen sie deshalb internationale Märkte und Handelsbeziehungen. DAX-Konzerne z. B. tätigen bis zu 97 Prozent ihrer Umsätze auf globalen Märkten.[33]

In einer liberalisierten multipolaren Welt suchen sich die Unternehmen ihre Handelsbeziehungen, Absatzmärkte, Produktionsstätten, Rohstoffquellen und Forschungszentren weltweit aus. Die gesamte Wertschöpfungskette wird global organisiert und die einzelnen Glieder dieser Kette über den Erdball so gezielt platziert, dass regionale, wirtschaftliche und soziale Vorzüge bestmöglich geschöpft werden. Diese Wirtschaft favorisiert streng nach ihren Interessen und dem zu erwartenden individuellen Nutzen.

Unter dem Motto: Was Gewinn bringt, ist gut; was noch mehr Gewinn bringt, ist besser, werden nur die Teile unserer Erde in die strategische und operative Planung einbezogen, die dem Unternehmen von Vorteil sind. Investiert wird dort, wo sich das eingesetzte Kapital am besten verwertet und diese Orte wecken in der Regel das allseitige Interesse einer Vielzahl von Unternehmungen. An diesen bevorzugten Standorten entstehen echte Macht- und Nervenzellen der Weltwirtschaft. Im Umfeld dieser Wirtschaftsgiganten und Ballungsgebiete pulsiert das gesellschaftliche Leben in seiner ganzen Fülle. Im Gegenzug werden unrentable Standorte geschlossen oder gar nicht erst in die internationale Arbeitsteilung einbezogen. Die sogenannten benachteiligten Gebiete bleiben chancenlos zurück. Ein Anschluss dieser Territorien an die moderne Welt ist aus eigener Kraft in der Regel nicht möglich, es sei denn, Ereignisse, wie z. B. das Auffinden von Bodenschätzen oder die Freigabe von Mensch und Natur zur zügellosen Ausbeutung und Plünderung, wecken Interesse und Begehrlichkeiten der Unternehmerschaft.

Das ständige Ringen um Marktanteile, Produktionsstätten und Rohstoffquellen führt auch zwischen den Unternehmen zu einem gnadenlosen globalen Konkurrenz- und Verdrängungskampf. Im Streben nach Monopol wird permanent versucht unliebsame Konkurrenten vom Markt zu drängen oder besser noch, gleich ganz auszuschalten. Aber auch hier haben sich die Methoden gewandelt. An die Stelle des aufwendigen Niederkonkurrierens tritt vielfach das effektivere Fusionieren oder Übernehmen. Für diesbezüglich notwendige, z. T. auch nur zeitweise geschlossene Allianzen kennt die Wirtschaft keine moralischen Grundsätze. Zum ganz eigenen Vorteil werden persönliche, wirtschaftliche oder politische Verbindungen genutzt bzw. aufgebaut und im internen Kreis die notwendigen Absprachen getroffen. Im Ergebnis gibt es dann nicht selten für ganze Regionen nur noch einen Anbieter bzw. alle weiteren hängen infolge der Verflechtungen nahezu vollständig von diesem einen potenziellen Anbieter ab. Der Wettbewerb als Eckstein und Triebfeder der Marktwirtschaft wird ganz bewusst ausgehebelt.

Das Ziel aber: Marktbeherrschung, Preisdiktat und eine möglichst umfassende Macht über Politik und Gesellschaft ist erreicht.

Im Gleichklang mit den globalen Wirtschaftsgiganten entwickelt sich eine internationale Wirtschaftselite, deren gravierender Einfluss auf die Geschehnisse unserer Welt überhaupt nicht mehr zu übersehen ist. Die in den Händen dieser Personen konzentrierte Macht, versetzt sie in die Lage, Entscheidungen von substanzieller Art zu treffen, die weit über den nationalen Rahmen hinausgehen. Aus dieser Machtfülle heraus bewegt diese Elite nicht nur die Hebel der Wirtschaft, sondern beeinflusst im verstärkten Maße auch ganz konkret die nationalen und internationalen politischen und gesellschaftlichen Entwicklungen.

Für den Zugang zu dieser Wirtschaftselite sind hervorstechende akademische Abschlüsse, möglichst an Eliteschulen, sowie ausgezeichnete Sprachkenntnisse und eine nachweisbar erfolgreiche berufliche Tätigkeit, wichtige Voraussetzungen. Auch schaden ein einflussreiches, finanziell gut gestelltes und gesellschaftlich gut vernetztes Elternhaus sowie eine entsprechende Protektion dem Kandidaten bei der Auswahl nicht. Entscheidend aber bleiben letztlich Fähigkeiten und Leistungen des Bewerbers, denn diese Positionen sind für „Nieten in Nadelstreifen" nicht geeignet. Am Ende zählt hier nur der Erfolg.

Wer in diesen Funktionen erfolgreich besteht, bedarf der gesellschaftlichen Anerkennung und ohne jeden Zweifel auch einer besonderen Honorierung. Aber wie weit dürfen diese gehen?

Die Manager sind in der Regel befristet bestellt bzw. befristet angestellt, besitzen in den meisten Fällen keine ausschlaggebende Kapitalbeteiligung und tragen demzufolge auch kein wesentliches Kapitalrisiko. Macht und Einfluss dieser Führungskräfte resultieren einzig und allein aus den begleitenden Führungsfunktionen sowie aus der Dominanz und Wirtschaftskraft des geleiteten Unternehmens. Sie sind also nicht im Eigentum begründet, sondern resultieren aus einer Bestellung bzw. Berufung heraus.

Im Finanzwesen ist dies nicht anders. Auch ein Larry Fink von Blackrock oder Stephen Schwarzman von Blackstone arbeiten nicht mit eigenem Geld, sondern mit dem Geld, dass ihnen andere anvertraut haben. Es ist allein die irrwitzige Menge fremden Geldes, über das sie verfügen, welches sie in relativ kurzer Zeit von der Bedeutungslosigkeit in eine schon märchenhaft anmutende internationale Machtposition katapultierte.

Die Trennung von Funktion und Eigentum begünstigt, im Zusammenhang mit der wachsenden Verflechtung der Unternehmen, Märkte und Kapitalströme, auch eine zunehmende personelle Verflechtung in den Führungsstrukturen der multinationalen Unternehmungen. So tauchen z. B. nicht selten Personen, die in dem einen

Unternehmen im Vorstand sind, in einem anderen Unternehmen wieder im Aufsichtsrat auf und umgekehrt. Die jeweiligen Personen kennen sich vielfach schon aus den Eliteschulen. Die bereits hier entstandenen Netzwerke werden sorgsam gepflegt und zielstrebig erweitert. Man trifft sich später regelmäßig im kleinen Kreis oder in vertrauten Zirkeln. In diesen „closed shops" entstehen Wirtschaftsstrategien. Hier werden die notwendigen Allianzen geschmiedet und verbindliche Absprachen getroffen.[34]

Nationalität, Religionszugehörigkeit, Sprache oder andere kulturelle Befindlichkeiten sind in diesen Kreisen von einer völlig untergeordneten Bedeutung. Man verständigt sich in Englisch und lebt die Internationalität aus einer Selbstverständlichkeit heraus, die weiten Teilen der übrigen Gesellschaft einfach fremd ist.

Mit diesen Arrangements bleibt die Elite im Grunde stets unter sich und hält Macht und Einfluss in den eigenen Reihen. Im internationalen Maßstab entsteht so eine eigenständige, privilegierte Klasse von Menschen, die sich aufgrund ihrer Machtfülle, ihres unbeschreiblichen internationalen Einflusses und ihres völlig außergewöhnlich hohen Einkommens unverhältnismäßig von der übrigen Gesellschaft abhebt. 2016 z. B. haben die Chefs großer US-Konzerne im Schnitt 330-mal so viel verdient wie ihre Angestellten.[35]

Solche ausschweifenden Entwicklungen sind den Menschen nicht mehr zu vermitteln und führen zwangsläufig zu Unmut und Zwietracht in der Gesellschaft. Diese Elite hat mit der Lebenswirklichkeit der breiten Masse nur noch wenig gemein.

„Ob das der Privatjet ist oder die Klinik, die man sich weltweit aussuchen kann: Man gestaltet sein Leben, wie man will. Der Staat wird nur als lästig empfunden."[36]

Diese Elite strebt letztlich aus einem Angestelltenverhältnis heraus – und genau dies gilt es sich immer wieder bewusst zu werden – nach Eigenständigkeit, nationaler Unabhängigkeit und internationaler Macht. Sie überträgt die vom geleiteten Unternehmen ausgehende bzw. die mit dem geleiteten Unternehmen verbundene Macht auf sich, drängt die Politik und ihre demokratischen Institutionen in die Defensive und strebt danach, sich selbst über sie zu erheben.

Die vom internationalen Finanzkapital getragenen und von einem internationalen Management geleiteten multinationalen Unternehmungen tangieren historische Wurzeln nur noch sehr bedingt. Ursprünglich bestehende nationale Bindungen, Verpflichtungen oder Traditionen werden fremd. Sie verflüchtigen sich in einer internationalen Firmenphilosophie und einem international gestreuten Aktienkapital. Mit nicht wenig Diplomatie wird versucht, sich möglichst großzügig von nationalen Aufgaben und Verpflichtungen abzukoppeln.

Es ist festzustellen, dass die Globalisierung gesellschaftliche Anforderungen und staatliche Gestaltungsmöglichkeiten in beängstigender Weise auseinandertreibt. Dies bringt die nationalen Regierungen in eine außerordentlich komplizierte Situation. Sie sind an den jeweiligen Teil der Erdkugel gebunden und haben der territorialen Flexibilität und internationalen Macht der multinationalen Unternehmen nichts Vergleichbares entgegenzusetzen. Gleichzeitig bleiben sie aber für den Erhalt und die Entwicklung der zugehörigen Gesellschaft verantwortlich. Diese Verantwortung zwingt sie von den ansässigen Unternehmen einen angemessenen Anteil des wirtschaftlichen Erfolges einzufordern und in Richtung Gesellschaft umzuverteilen. Aber dieser Zugriff auf die Unternehmen wird im Zeitalter der Globalisierung immer schwieriger. Gestaltet z. B. ein Staat sein Steuer- und Abgabensystem, sein Arbeits- und Sozialrecht, die Stimuli für Unternehmensansiedlungen, die Umweltauflagen u. Ä. weniger unternehmerfreundlich oder nimmt er zu stark regulierend Einfluss auf die Wirtschaft, werden die Unternehmen das Territorium dieses Staates meiden bzw. es über kurz oder lang verlassen. Solange sich auf unserer Erde immer wieder Standorte finden, wo sich das Kapital noch besser verwertet, wo die Steuerquote niedriger, die Arbeit billiger oder sogar Kinderarbeit möglich ist, weichen die Unternehmen auch auf diese Standorte aus.

Ähnlich verhält es sich in Bezug auf die Managergehälter. Würde diese ein Staat allein deckeln, wäre sein Territorium für die internationale Elite nur noch von untergeordnetem Interesse.

Standortverlagerungen von Großunternehmen ins Ausland sind für jeden Staat eine regelrechte Katastrophe. Derartiges lässt nicht nur die Finanzquellen schrumpfen, sondern hat in der Regel auch verheerende flächendeckende Auswirkungen. Solche Unternehmen binden eine Vielzahl von Zuliefer- und Dienstleistungsbetrieben an sich, die dann ebenfalls ihre Funktion verlieren. Massenarbeitslosigkeit und Sozialabbau sind die Folge. Gefragt bleiben nur die Leistungsträger. Gut ausgerüstet mit Fach- und Sachkenntnissen und bereit zur Mobilität ziehen sie, auch über die nationalen Grenzen hinweg, der Arbeit hinterher oder arbeiten als Crowdworker. So verarmen und veröden ganze Städte, Landstriche und Regionen.

Kein Staat und keine Regierung hat deshalb auch nur das geringste Interesse an einem solchen Desaster, schon gar nicht in einer Demokratie, wo sich Parteien und Politiker wieder den nächsten Wahlen stellen müssen.

Unter den gegenwärtigen Bedingungen rücken die multinationalen Unternehmen und in persona ihre Führungskräfte in die Position eines „allseitig Umworbenen", mit weit geöffneten Händen für alle Arten nationalstaatlicher Vergünstigungen. Aus dieser Stellung heraus schüren sie im internationalen Maßstab einen gnadenlosen Standortwettbewerb, der die einzelnen Nationalstaaten nicht nur zu erbitterten Konkurrenten werden lässt, sondern diese regelrecht erpresst. Im Mittelpunkt des Begehrens stehen Subventionen, Steuervergünstigungen, Zugeständnisse bei den Arbeits-, Sozial- und Umweltstandards, privilegierte Zugänge zu den nationalen Ressourcen sowie die gezielte Aushebelung von gewerkschaftlichen Organisationen und Aktivitäten.

Die Nationalstaaten haben ökonomisch praktisch keine wesentliche Bedeutung mehr. In diesem Sinne ist das nachfolgende Zitat sehr direkt, trifft aber den Kern der Sache:

„Die Wirtschaft hat sich weitestgehend von der Politik abgekoppelt. Die Politik kann dem Treiben der Managements nur noch betroffen zuschauen, bestenfalls ans soziale Gewissen appellieren. Der Staat kann die internationalen Finanzströme nicht mehr regulieren, hat keinen wirklichen Einfluss auf die Arbeitsplätze, muss sich für gezahlte Steuern noch dankbar zeigen." [37]

In dem Maße, wie sich die multinationalen Unternehmen dem nationalen Zugriff entziehen, schwinden nicht nur Macht und Einfluss der nationalen Regierungen, sondern auch die Staatseinnahmen. Dies zwingt die Nationalstaaten, noch verfügbare Quellen immer stärker in Anspruch zu nehmen. Dabei sind die Möglichkeiten weiterer Staatsverschuldungen sowie der Erhalt internationaler Kredite über Sonderorganisationen begrenzt und vielfach bereits zulasten künftiger Generationen überdehnt. Als vorrangige Quellen bleiben den Regierungen deshalb nur noch die überwiegend national organisierten Unternehmen sowie die privaten Haushalte.

Mittelstand und Kleinunternehmer tragen aber bereits erhebliche staatliche Lasten. Hier sind die Grenzen der Belastbarkeit erreicht, wenn man keine weitere Schwächung dieser Betriebe riskieren will. Auch ist nicht zu übersehen, dass sich diese Unternehmen ebenfalls mit zunehmender Tendenz am internationalen Markt orientieren.

Gleiches wie in der Wirtschaft vollzieht sich im Grunde auch in den privaten Haushalten. Auch hier versuchen insbesondere die wohlhabenden Bürger und Familien den wachsenden Steuer- und Abgabenlasten zu entfliehen. Akribisch wird nach Steueroasen und günstigen Geldanlagen im Ausland gesucht oder gleich in Länder mit einem günstigeren Steuer- und Abgabensystem ausgewandert. In diesem Zusammenhang nutzen auch die privaten Haushalte die zunehmende Konkurrenz zwischen den Nationalstaaten bewusst aus.

Die Menschen registrieren die ungleiche Verteilung der Vermögen und die ungleiche Verteilung der finanziellen Lasten sowie die Selbstbedienermanieren der Eliten mit wachsendem Unmut. Registriert wird auch die regelrechte Ohnmacht nationaler Politik gegenüber den international aufgestellten Wirtschaftsmächten, die Unsicherheit der Politiker in ihren Handlungen sowie der vielfach nur noch auf Show und Schlagzeilen ausgerichtete politische Aktionismus.

Das Vertrauen der Gesellschaft in die Politik und die etablierten demokratischen Parteien schwindet. Angst und Pessimismus nehmen zu. Die Menschen bringen dies differenziert zum Ausdruck. Ein absolut untrügliches Zeichen aber ist das regelrecht demonstrative Desinteresse der Bürger an den demokratischen Wahlen. 2009 lag z. B. die Wahlbeteiligung zum Deutschen Bundestag gerade mal bei 70,8 Prozent und 2021 bei 76,6 Prozent.[38] Bei Landtagswahlen hat man sich in Deutschland an Wahlbeteiligungen von knapp über 50 Prozent bereits gewöhnt. In Sachsen lag sie am 31.08.2014 mit 49,15 Prozent[39] sogar noch darunter. Gerade in Sachsen, wo 25 Jahre zuvor mit einem ganz besonderen Engagement für Demokratie und demokratische Wahlen demonstriert wurde.

Solche Ergebnisse sind nicht schlechthin mit Politikverdrossenheit zu erklären, sondern sie sind ein echter Ausdruck schwindenden Vertrauens in die demokratischen Institutionen. Sie signalisieren ernste Zweifel an der noch vorhandenen Gestaltungskraft nationaler Politik überhaupt.

Das die Wahlbeteiligung bei der Bundestagswahl 2021 und tendenziell auch bei den letzten Landtagswahlen wieder leicht gestiegen ist, ist nicht unwesentlich mit auf das Erstarken rechter politischer Strömungen zurückzuführen.

Der nationalen Politik entgleitet nicht nur die Wirtschaft, sondern auch ein großer Teil ihrer Bürger.

„Durch die Globalisierung schrumpfen der Spielraum, die Reichweite und Macht von nationalen Regierungen, sodass sie weniger wichtig werden. Wenn Regierungen ihr eigenes wirtschaftliches Geschick nicht bestimmen können, warum sollten ihre Bürger sie dann politisch unterstützen? Sobald Regierungen kraftlos wirken, lässt die Bindung an sie nach."[40]

Der Zulauf zu den populistischen Parteien erfolgt doch nicht aus dem „Nichts". Menschen, die sich in ihren Ängsten und Sorgen von der Politik verlassen fühlen, strömen Parteien und charismatischen Persönlichkeiten zu, die ihre Probleme aufgreifen, Ursachen für die Probleme nennen und verständliche Problemlösungen anbieten. Ob diese Ursachen richtig sind und die aufgezeigten Lösungen später auch zum Erfolg führen, ist zu diesem Zeitpunkt völlig egal. Was zählt ist:

Hier ist jemand, wo ich mir „Luft" machen kann, der mich versteht, meine Probleme und Sorgen auf die Tagesordnung setzt und vor bisherigen Tabus nicht zurückschreckt.

Verkannt wird dabei, dass die Ursachen vieler Probleme, die den Menschen „auf den Nägeln" brennen, wie z. B. die mit den Flüchtlingsströmen verbundene eigene Sicherheit, die Angst vor Überfremdung, das Eindringen der Flüchtlinge in die sozialen Sicherungssysteme, der Klimawandel, die globale Konzentration der Wirtschaft in den Ballungszentren und die damit verbundenen Verwerfungen in den vernachlässigten Gebieten, die mit der Digitalisierung verbundene komplexe Veränderung des Produktionsfaktors: Arbeit, und damit auch der eigenen Einkommensquellen, die wachsende Ungleichheit zwischen den Nationen und im eigenen Land u. Ä. von einem Staat oder einer Regierung, gleich welcher Couleur, überhaupt nicht mehr gelöst werden können. Auch Donald Trump musste als US-Präsident u. a. einsehen, dass durch meterhohe Zäune oder Mauern, Soldaten und militärisches Gerät die Flüchtlinge aus Südamerika auf Dauer nicht aufgehalten werden können.

Der Weg zum Ziel führt hier nur über eine gemeinsame, international abgestimmte Politik, der die einzelnen Nationalstaaten dann auch verpflichtet sind.

2.3 Industriestaaten in Gefahr

Die hoch entwickelten Industriestaaten werden von der Globalisierung in einem ganz besonderen Maße attackiert. In diesen Ländern ist Arbeit im Verhältnis zur übrigen Welt relativ teuer, was nicht zuletzt aus den historisch hart erkämpften Einkommen und sozialen Rechten der Arbeitnehmer resultiert. Mit keiner anderen Maßnahme lassen sich hier schneller die Kosten senken, als durch Entlassungen oder durch den Einsatz von Niedriglöhnern. Dies veranlasst die Unternehmen permanent über Arbeitsplatzeinsparungen und billigere Standorte nachzudenken bzw. umgekehrt Wege zu öffnen, um billiges, aber gut ausgebildetes Personal an vorhandene Standorte zu bekommen.

In unserer hochtechnisierten Welt bedarf zwar die Massenproduktion auch weiterhin des Massenkonsums; aber, wie vorn bereits gezeigt, müssen Massenproduktion und Massenkonsum territorial keine Einheit mehr bilden. Begünstigt durch einen weitestgehend offenen Welthandel lohnt es sich für die Unternehmen in Niedriglohnländern, Steuerparadiesen oder Ländern mit geringen Umwelt- und Sozialstandards billig zu produzieren und die Waren dann in den wohlhabenden Ländern teuer zu verkaufen. Dem einzelnen Unternehmen ist diesbezüglich noch nicht einmal ein Vorwurf zu machen, denn wer dem Mainstream nicht folgt, wird von der Konkurrenz über kurz oder lang vom Markt gefegt.

Ein fataler Irrtum ist es allerdings zu glauben, dass es über die Zeit bei den „verlängerten Werkbänken" bleibt und nur arbeitsintensive Teile der Produktion ausgelagert werden.

Durch die Arbeit treten die Menschen in den Schwellen- und Entwicklungsländern in soziale Beziehungen. Sie organisieren sich. Fähigkeiten und Fertigkeiten bilden sich heraus und werden ausgetauscht. Die Menschen wollen verstehen, eigene Ideen einbringen und diese selbst verwirklichen. Sie drängen nach Wissen, Bildung, Unabhängigkeit und einem besseren Leben. Unternehmen und Regierungen dieser Länder müssen auf die neuen Bedürfnisse der Bevölkerung entsprechend reagieren.

Arbeit und Unternehmertum ziehen wieder Arbeit, Unternehmen und Wissenschaft an sich. Mit den Einkommen wächst systematisch auch der Wohlstand. Lohnarbeiter, Angestellte, Wissenschaftler und andere aufstrebende gesellschaftliche Schichten werden zu Kunden und die sogenannten Emerging Markets zu Käufermärkten. Diese Kunden gilt es zu gewinnen, was am besten gelingt, wenn die Unternehmen Produkte und Leistungen anbieten, die genau auf die Bedürfnisse der neuen Kunden und Märkte zugeschnitten sind. Notwendig werden damit der direkte Kundenkontakt sowie Bedarfsforschung und Entwicklungsarbeit vor Ort. Jetzt lohnt es sich auch Forschungs- und Entwicklungszentren in diesen Ländern aufzubauen. Für die jungen, dynamischen Gesellschaften in den Schwellen- und Entwicklungsländern, vor allem aber für die Absolventen, die an den Universitäten und Hochschulen der westlichen Industrieländer hervorragend ausgebildet wurden und in ihre Heimatländer zurückkehren, bieten sich beste Entwicklungschancen. Auf dieses Potenzial greift der Unternehmer gern zurück. Diese Arbeitskräfte verfügen über die erforderlichen wissenschaftlichen Kenntnisse, sind außerordentlich willig, wesentlich billiger als in den westlichen Industrieländern und haben nur geringe soziale Ansprüche. Gewerkschaftliche Organisationen und Forderungen spielen im Grunde überhaupt keine praktische Rolle. Diesbezüglich eventuell entstehende Oasen werden kurzfristig wirkungsvoll ausgetrocknet.

Mit der Verlagerung von Bereichen auch großer Wertschöpfung in die Schwellen- und Entwicklungsländer werden diese mit dem notwendigen Know-how ausgerüstet und zu regelrechten Motoren des künftigen globalen Wachstums. Hier entsteht eine nicht zu unterschätzende Konkurrenz, die sich im Kern die entwickelten Industriestaaten selbst heranziehen.

Nach Recherchen der Weltbank ist damit zu rechnen, dass Brasilien, China, Indien, Indonesien, Russland und Südkorea bis 2025 mehr als die Hälfte des globalen Wachstums auf sich vereinen werden.[41]

Durch den globalen Wettbewerb werden die Stärken und Schwächen der einzelnen Standorte weltweit gnadenlos aufgedeckt. Waren- und Kapitalströme, Beschaffungs- und Absatzmärkte oder Unternehmens- und Forschungsstandorte sind daher nichts Statisches, sondern haben im Gegenteil einen höchst dynamischen Charakter. Sollten z. B. die Textilarbeiterinnen in Bangladesch nicht mehr gewillt sein, für einen Hungerlohn in abbruchreifen Fabriken zu schuften und keine Bereitschaft mehr für eine übergebührende Ausdehnung des Arbeitstages zeigen, wird auch die Textilindustrie wieder über neue Strategien nachdenken.

Dieses Nachdenken setzt spätestens dann ein, wenn sich die Arbeiter- und Arbeiterinnen in den Niedriglohnländern der Ausbeutung massiv entgegenstellen, sich organisieren, höhere Löhne, bessere Sozialleistungen und international übliche Arbeitsbedingungen einfordern. In dem Moment, wo Arbeit auch in diesen Ländern teuer wird, werden die ansässigen Unternehmen natürlich einen erneuten Standortwechsel, z. B. nach Afrika, prüfen, aber auch verstärkt in die Prozessautomatisierung investieren, um Arbeitskräfte zielstrebig aus den Arbeitsprozessen zu drängen. Unter diesem Blickwinkel ist der Zeitpunkt nicht mehr fern, wo die Schwellen- und Entwicklungsländer auch zu bedeutenden Absatzmärkten der weltweiten Automatisierungsindustrie aufsteigen. In Parallelität dazu werden diese Länder selbst ebenfalls die Entwicklung und den Bau von Automatisierungstechnik forcieren.

Zweifellos kehren auch Unternehmen in die westlichen Industrieländer zurück, wenn die Gewinnchancen den Erwartungen dort entsprechen. Aber die Rückkehrer werden nicht die Gleichen sein, die einst gegangen sind. Die rückkehrenden Industrie- und Dienstleistungsunternehmen benötigen nicht nur weniger Platz, sondern setzen von Anfang an auf höchste Effizienz des Reproduktionsprozesses. Die Digitalisierung setzt hier die Maßstäbe, mit den bereits beschriebenen Konsequenzen für die menschliche Arbeit.

Arbeitsplätze sind rar und begehrt. Der Kampf um sie führt zu einem gnadenlosen Wettbewerb und zu einem enormen Druck auf die Löhne und Gehälter. Die Arbeiterschaft und ihre Organisationen geraten in die Defensive. Die Machtbalance zwischen Arbeitgeber und Arbeitnehmer verschiebt sich eindeutig zugunsten der Unternehmerschaft.

Menschen, die keinen Zugang zur gesellschaftlichen Arbeit haben, können auch ihren Lebensunterhalt nicht selbst verdienen. Sie sind zwangsläufig auf Versorgungsleistungen des Staates und der Gesellschaft angewiesen. Versorgungsleistungen ersetzen aber weder das Arbeitseinkommen noch das Gefühl der gesellschaftlichen Zugehörigkeit, was Kaufkraft und Lebensqualität dieser Menschen spürbar sinken lässt. Die viele Freizeit kann überhaupt nicht ausgefüllt werden, da hierfür allein schon die finanziellen Mittel fehlen.

Andere sind durch den drohenden Arbeitsplatzverlust derart verunsichert, dass vorausschauend gespart und der Konsum merklich eingeschränkt wird.

Sinkende Kaufkraft und Konsumverzicht reduzieren auf dem Markt die Nachfrage nach Gütern und Dienstleistungen, was wiederum zu Produktionssenkungen und sinkendem Arbeitskräftebedarf führt.

Dieser Kreislauf ist in den Industrienationen hinreichend bekannt und in der Vergangenheit mehrfach abgelaufen. Aber dieser Kreislauf zeigt Veränderungen, die von Bedeutung sind:

Nach Krisenzeiten erfolgte stets eine spürbare und nachhaltige konjunkturelle Erholung, die neben einer erhöhten Nachfrage nach Gütern und Dienstleistungen vor allem auch mit einer merklich wachsenden Nachfrage nach Arbeitskräften aller Qualifikationen und mit entsprechenden Lohnsteigerungen verbunden war. Dies hat sich verändert. Prozessautomatisierung, der globale Wettbewerb und die Möglichkeiten der Unternehmen, Produktion und Dienstleistungen ins billige Ausland verlagern zu können, lassen auch in Zeiten der Konjunktur die Nachfrage nach Arbeitskräften sowie die Steigerung der Arbeitseinkommen geringer und wesentlich differenzierter ausfallen als in der Vergangenheit.

Die in den Industrieländern bisher üblichen Kausalitäten zwischen Kapital, Arbeit und Kaufkraft lösen sich immer weiter auf. Wirtschaftswachstum allein ist kein Garant mehr für sinkende Arbeitslosenzahlen und steigende Einkommen. Eine wachsende Entkopplung der Investitionen von der Beschäftigung lässt immer weniger Menschen am Aufschwung partizipieren. Staat und Gesellschaft erfahren keine hinreichende finanzielle und soziale Erholung mehr. Die gesellschaftliche Mittelschicht wird tendenziell ausgedünnt. Aber gerade sie ist der entscheidende Motor für wirtschaftliche und politische Stabilität, Demokratie, Rechtsstaatlichkeit und sozialen Fortschritt in den Industrieländern. Mit dem Zerfall der Mittelschicht zerfallen letztlich auch die mit ihr verbundenen gesellschaftlichen Errungenschaften, Werte und Sitten.

Wenn sich z. B., wie vorn bereits gezeigt, in den USA 99 Prozent der Bevölkerung als Verlierer der modernen Zeit fühlen oder in der Europäischen Union, 17 Prozent der Europäer[42] nicht genügend Mittel haben, um ihre grundlegendsten Bedürfnisse zu erfüllen, ca. 19 Prozent der Kinder in Europa in Armut leben bzw. armutsgefährdet sind[43] und in Südeuropa eine ganze Generation in Perspektivlosigkeit versinkt, dann geht es auch in den westlichen Industrieländern nicht mehr nur um kleinere soziale Konflikte, sondern dann konzentriert sich hier ein regelrechter gesellschaftlicher Sprengstoff. Fehlender Lebenssinn, soziale Not, Neid auf besser gestellte Mitbürger; aber vor allem die Ausweglosigkeit, sich aus der gegebenen Situation selbst befreien zu können, von staatlichen Versorgungsleistungen und den damit verbundenen Demütigungen dauerhaft abhängig zu bleiben reichern diesen Sprengstoff permanent an.

In den Industrieländern steht die Einheit der Gesellschaft auf dem Spiel und mit ihr die historischen Errungenschaften und kulturellen Werte. Eine gespaltene Gesellschaft ist eine instabile Gesellschaft, welche über die Zeit jedem Staat in den sicheren Ruin treibt.

„Wenn die Einkommensverteilung zu sehr in die Schieflage gerät, dann müssen die ökonomischen Verhältnisse neu geordnet werden, damit die breite Mittelschicht genügend Kaufkraft erhält, um die Wirtschaft längerfristig zu erneuern."[44]

Es gilt also zu handeln!

Eine neue Art des internationalen Wirtschaftens sowie eine zielstrebige politische Einflussnahme auf die globalen Entwicklungen von Wirtschaft und Gesellschaft werden unumgänglich.

2.4 Die Regulierbarkeit des Kapitalismus

In Auswertung der bisherigen Ausführungen könnte man vorschnell zu dem Schluss kommen, dass der wissenschaftlich-technische Fortschritt und die globale Anwendung der wissenschaftlich-technischen Erkenntnisse dem Menschen selbst mehr schadet als nützt. Der Mensch als Schöpfer der modernen Technik macht sich mehr und mehr von ihr abhängig und vielfach sogar selbst überflüssig. Er schafft seine eigenen Job-Killer.

Im nächsten Schritt ist man dann bei den Maschinenstürmern und es keimt der Gedanke, diese gigantische Maschinerie wieder abzuschaffen, auszubremsen oder zumindest ihre Entwicklung zu hemmen.

Solche Gedanken sind heute aber genauso unsinnig wie zu Beginn der industriellen Revolution.

Wissenschaft und Technik haben dienende Funktion und es ist Aufgabe der Menschen, sie in den Dienst der gesamten Menschheit zu stellen.

Die Entwicklungen in Wissenschaft und Technik verlangen zunehmend nach einer Anwendung im internationalen Maßstab und damit nach einer globalen Entfaltung der Wirtschaft. Die Globalisierung ist also kein entartetes Phänomen unsere Zeit, sondern eine logische Folge der Entwicklungen in Wissenschaft und Technik und ein kraftvoller Motor für die internationale Entfaltung der Produktivkräfte. Hier geht es nicht schlechthin nur um einen globalen Warenaustausch und die Entstehung leistungsfähiger Wirtschaftszentren; nein, diese Entwicklung fördert letztlich in einer bisher nicht gekannten Weise auch die internationale Zusammenarbeit, das Kennenlernen, Achten und Zusammenwachsen der Kulturen, den internationalen politischen Diskurs, den weltweiten Demokratisierungsprozess, die internationale Solidarität, den Austausch und die Anwendung verbindlicher Rechtsnormen sowie die Herausbildung persönlicher Freundschaften über Ländergrenzen und Kontinente hinweg. Die Globalisierung bringt die Menschen aller Erdteile zusammen und zwingt sie zum gemeinsamen Handeln. Sie schafft damit in historisch einmaliger Weise beste Voraussetzungen für die Herausbildung einer modernen Welt, eine schnellere und bessere Entwicklung der Länder und für ein gemeinschaftliches, solidarisches Miteinander der Völker.

Historische Veränderungen dieser Dimensionen brauchen hinsichtlich ihrer Entwicklung und Vervollkommnung Zeit und bei Notwendigkeit auch entsprechende Korrekturen; die grundlegende Richtung des Voranschreitens steht dabei aber nie infrage. Deshalb gilt es auch nicht, die rasanten Entwicklungen in Wissenschaft, Technik und Wirtschaft zu verdammen, zu hemmen, zu stoppen oder gar umzukehren, sondern es kommt darauf an, die einmaligen Chancen dieser Entwicklung zu erkennen und sie zum Wohle aller Menschen auf unserer Erde zu nutzen.

Derartiges aber muss bewusst organisiert werden. Die globale Wirtschaft wird nur dann zu einem allgemeinen weltumspannenden gesellschaftlichen Fortschritt, zum Frieden und zum Wohlstand aller Menschen auf unserer Erde beitragen, wenn auch die Prozesse ihres Wirkens und ihrer internationalen Entfaltung aus dieser Zielstellung heraus geführt werden.

Die zentrale Frage an dieser Stelle ist deshalb, ob die kapitalistische Produktionsweise einen derartigen Anspruch überhaupt erfüllen kann und inwieweit sie eine Führung unter dieser Zielstellung zulässt.

Das bisher gezeigte und die nachfolgenden Zitate ehemals namhafter deutscher Politiker setzen hier zumindest ernsthafte Fragezeichen:

„Der Kapitalismus wird stark von der Habgier bestimmt. Als Ideologie enthält er weder einen Wertekanon noch eine Vorstellung von der Zukunft; die Ungleichheit unter den Menschen nimmt er für selbstverständlich. Typisch für das Denken des Kapitalismus ist ein Wort wie „Humankapital", mit dem die Fähigkeiten von Menschen als kalkulierbare Größe auf die gleiche Stufe mit Finanzkapital und Sachkapital gestellt werden, oder das Wort shareholder value (das heißt Kursgewinn plus Dividende für den Aktionär), das als oberste Maxime für den ein Unternehmen leitenden Manager gelten soll. Manche der smarten Investmentmanager aus der Generation des Raubtierkapitalismus erinnern an die italienischen condottieri am Ende des Mittelalters, die als Anführer von Söldnertruppen ihre Soldaten für denjenigen einsetzten, von dem sie sich den größten Gewinn versprachen."[45]

„Der Kapitalismus ... zieht eine Schleifspur von Elend hinter sich her. Aus ‚Wohlstand für alle' hat er ‚Reichtum für wenige' gemacht, der mit Ausbeutung von Mensch und Natur bezahlt wird."[46]

Derart niederschmetternde Charakterisierungen lassen dem Kapitalismus zunächst kaum Chancen, als Zukunftsmodell für die Menschheit zu dienen. Leichtfertig könnte deshalb an die Renaissance des Sozialismus und der damit verbundenen Verstaatlichung der Wirtschaft gedacht werden. Dies würde in der Tat eine Reihe der aufgezeigten Probleme allein schon von Staats wegen klären.

Aber die Geschichte warnt!

Es hat sich eindringlich gezeigt, dass die sozialistische Staatswirtschaft, in ihrer Vollendung gekrönt durch eine völlig unsinnig überzogene, dogmatisierte und bürokratisierte zentrale staatliche Planung und Leitung, die individuelle Entwicklung und Entfaltung der Menschen hemmt, Initiative, Fleiß, Kreativität und Schöpfertum im Sinne der Staatsdoktrin einschränkt und nicht annähernd die Effizienz und Produktivität der kapitalistischen Produktionsweise erreicht. Die sozialistische Planwirtschaft hatte im Grunde vier Haupt- und vier Nebenfeinde. Die Hauptfeinde waren: Frühling, Sommer, Herbst und Winter; die Nebenfeinde: Sonne, Wind, Regen und Schnee. Mit dieser komplexen Feindschaft im Genick ließ sich für jeden Missstand eine Erklärung finden.

Wenn Lenin selbst ausdrücklich herausstellt, dass die Arbeitsproduktivität „… in letzter Instanz das Allerwichtigste, das ausschlaggebende für den Sieg der neuen Gesellschaftsordnung …"[47] ist, so ist allein schon aus diesem Kriterium heraus abzuleiten, dass der praktizierte Sowjet-Kommunismus des 20. Jahrhunderts für alle Zeiten in den Archiven der Geschichte verschwinden muss.

Neben einer z. T. schon irrsinnigen Wirtschaftspolitik muss der dem Volk aufdiktierte Atheismus als ein weiterer Kardinalfehler des Sowjet-Kommunismus angesehen werden. Eine neue Gesellschaftsordnung kann nur mit einer breiten begeisterten Masse der Bevölkerung aufgebaut werden. Die Diktatur des Atheismus aber grenzt von vornherein aus. Sie drückt die Gläubigen und ihre religiösen Institutionen unweigerlich an den Rand der Gesellschaft, selbst dann, wenn diese den Ideen des Neuen aufgeschlossen gegenüberstehen oder bereit sind, sich mit diesen zu engagieren. Vergessen wird dabei, dass der Glaube in erster Linie auch eine zutiefst persönliche Angelegenheit ist, die vielfach bereits über mehrere Generationen hinweg in den jeweiligen Familien wurzelt. Die religiösen Traditionen prägen hier nicht nur das Familienleben, sondern die Ausrichtung des Lebensweges überhaupt. Viele Menschen haben ganz persönliche Erfahrungen mit dem Glauben gemacht. Erfahrungen, die das tiefste Innere berühren und Halt und Zuversicht für den weiteren Lebensweg geben. Diese Erfahrungen werden sie eher leugnen, aber niemals aufgeben, schon gar nicht für eine Partei. Kein wahrhaft Gläubiger kann seinen Glauben per Dekret einfach ablegen. Nicht selten war die Vorlage eines notariell beglaubigten Kirchenaustrittes eine notwendige Voraussetzung für das Erklimmen der nächsten Stufe auf der Karriereleiter. Das Leben mit zwei Gesichtern bzw. mit der Lüge macht nicht nur einsam, sondern ist auch ganz besonders im Zusammenhang mit der Erziehung der Kinder höchst widersprüchlich und konfliktreich. Auf dieser Basis kann niemals ein breites, standhaftes Fundament für eine neue Gesellschaftsordnung entstehen. Das hat schon der „Alte Fritz" gewusst.

Im Rahmen der Globalisierung werden Gedanken hinsichtlich einer Verstaatlichung der Wirtschaft immer wieder aufflammen. Vielleicht sind solche Schritte, z. B. in Krisenzeiten punktuell auch vorübergehend notwendig. Aber für prosperierende Gesellschaften war und ist der Sowjet-Kommunismus des vergangenen Jahrhunderts keine brauchbare Alternative zu einer kapitalistischen, freiheitlichen, demokratischen Gesellschaftsordnung. Selbst bei aller nostalgischen Verklärung, darf niemals vergessen werden, dass der real existierende Sozialismus von keiner fremden Macht, sondern von den Menschen selbst, die in diesem System lebten, beseitigt wurde. Die Menschen in ganz Osteuropa wollten diesen Sozialismus nicht mehr und die kommunistischen Parteien konnte ihn nicht mehr halten.

Vor einem Rückfall in die drei Bestandteile des Marxismus-Leninismus: einem letztlich dogmatisierten Materialismus, einer völlig irrsinnig bürokratisierten zentralen staatlichen Planung und Leitung der Wirtschaft sowie der Diktatur des Proletariats muss deshalb eindringlich gewarnt werden. Auf diesen Sowjet-Kommunismus mit seiner historisch beispiellosen Misswirtschaft darf die Weltgemeinschaft auf keinen Fall noch einmal hinsteuern.

Allerdings ist das oben Zitierte auch nicht von der Hand zu weisen. Konkurrenz, Leidenschaft und unbändige Gier der Unternehmen nach Gewinn, Monopol und Macht sind die unerbittlichen Treibriemen der kapitalistischen Wirtschaft. Dort, wo es dem eingesetzten Kapital dienlich ist, wird die Entwicklung gnadenlos vorangetrieben. Produziert und geliefert wird für bzw. an Freund und Feind.

Gesellschaftliches Wohl und gesellschaftliche Interessen sind von nachgeordnetem Rang. Solche Kategorien bezieht der Unternehmer nur dann in seine Überlegungen ein, wenn sie über kurz oder lang, direkt oder indirekt, wieder dem eigenen Nutzen dienen. Es gehört einfach in das Reich der Märchen und Träume zu glauben, dass die Unternehmerschaft ihre wirtschaftliche Tätigkeit selbstständig am gesellschaftlichen Ziel des globalen Wirtschaftens orientiert, aus einer reinen gesellschaftlichen Notwendigkeit heraus investiert, selbstlos auf Gewinn verzichtet, freiwillig wirtschaftlichen Erfolg in Richtung Gesellschaft umverteilt oder aus reiner Nächstenliebe Arbeitsplätze erhält, wenn andere ablauf- und aufbauorganisatorische Lösungen trächtiger sind. Derartige Sentimentalitäten verbietet allein schon die Konkurrenz. In diesem Sinne kann die kapitalistische Wirtschaft im Selbstlauf auch niemals der komplexen Bedeutung der Arbeit gerecht werden, weder für den Einzelnen noch für die Gesellschaft. Dafür sind ihre Interessen viel zu egoistisch. Für sie ist Arbeit und damit letztlich auch der Mensch in erster Linie nur ein ganz erheblicher Kostenfaktor.

Es gehört zu den großen Lebenslügen des Kapitalismus, Arbeitsplätze zu erhalten, wenn Gewerkschaften und Politik Löhne und Lohnnebenkosten niedrig halten; und zu den großen Drohgebärden der Unternehmerschaft, Arbeitsplätze abzubauen, wenn die Arbeitskosten steigen. Man weiß in solchen Situationen auch sofort bis hinter die Kommastelle genau, wie viel Arbeitsplätze die jeweiligen Maßnahmen bzw. Forderungen kosten. Die Unternehmerschaft versteht es immer wieder, diese Masche wirkungsvoll zu inszenieren, denn nichts bringt die Gesellschaft mehr in Aufruhr und die Politik mehr in Bedrängnis als der Verlust von Arbeit.

Solche Drohungen verfehlen ihre Wirkungen nicht, sind aber eine Täuschung. Der Unternehmer wird über die Zeit grundsätzlich immer nur so viele Arbeitsplätze erhalten, wie für den Reproduktionsprozess unbedingt nötigt sind. Dort, wo es irgend geht, wird er sich letztlich immer für die Prozessautomatisierung und gegen die Arbeitsplätze entscheiden oder Arbeit gleich ins noch billigere Ausland auslagern.

Andererseits ist es aber gerade die kapitalistische Wirtschaft, die in Vergangenheit und Gegenwart die gesellschaftliche Entwicklung vorantreibt und in beeindruckender Weise Kreativität, Effizienz und Leistungsfähigkeit beweist.

„Erst mit dem Kapitalismus hat die Menschheit [...] einen Weg gefunden, die produktive Kraft des Konkurrenzprinzips rigoros für das Vorantreiben des technischen und damit auch wirtschaftlichen Fortschritts zu nutzen [...] zwischen Christi Geburt und dem Jahr 1820 stieg das Durchschnittseinkommen der Menschen um gerade einmal 50 Prozent, seither dagegen um annähernd 800 Prozent, rechnet der britische Ökonom Angus Maddison vor."[48]

Das kapitalistische Wirtschaftssystem ist das mit Abstand Effizienteste, was die Menschheit je hervorgebracht hat. Es bietet individuelle Freiheit, belohnt Fleiß, Ehrgeiz, Engagement, Durchhaltevermögen und Courage und bereitet damit den Visionen, Ideen und Leidenschaften der Menschen einen außerordentlich fruchtbaren Boden.

Was oder wo ein Unternehmer produziert, wie er seine Produktion ausrichtet, mit wem er Handel treibt oder in welche Richtung er forscht, ist letztlich abhängig von der Nachfrage, der Entwicklung der Märkt, den Gewinnchancen und den Rahmenbedingungen (Spielregeln), die für das Wirtschaften gelten. Kein Unternehmer investiert z. B. in ein Land oder eine Region, wo sich seine unternehmerische Tätigkeit nicht lohnt. Kein Unternehmer entwickelt und produziert Waffen, handelt mit Tropenholz oder kreiert fragwürdige Finanzprodukte, wenn er genau weiß, dass diese Produkte auf dem Markt nicht gewinnbringend nachgefragt werden. Kein Landwirt stopft seine Tiere mit Antibiotika voll oder spritzt auf seinen Acker

Pflanzengift, wenn er genau weiß, dass er diese Tiere oder die Ackerfrüchte später niemals verkaufen kann. Kein Unternehmer verletzt das Verbot der Kinderarbeit, unterläuft den Mindestlohn oder manipuliert die Abgaswerte, wenn deren Einhaltung streng kontrolliert wird und Verstöße dagegen mit existenzbedrohenden Geldstrafen und strafrechtlichen Konsequenzen verbunden sind.

Der Mensch und keine übernatürliche Macht oder undefinierbare globale Existenz; nein, allein nur der Mensch bestimmt den Charakter, die Moral und die Ethik der Wirtschaft.

Dabei ist das Ziel der kapitalistischen Wirtschaft weder, weltweit gemeinnützige Wohltaten zu produzieren noch „Schleifspuren des Elends" zu ziehen. Der Unternehmer will und muss schlicht und einfach Geld verdienen; möglichst viel Geld verdienen. Es ist ihm zunächst egal, was er wann, wie, wo und mit wem entwickelt, produziert oder handelt. Die Hauptsache ist, dass sich die unternehmerische Tätigkeit für ihn lohnt. Wenn die „Kasse klingelt", entwickelt das Unternehmertum einen grenzenlosen Ehrgeiz und kaum zu bändigende Initiativen. Dieser Rausch dehnt dann oft auch die Grenzen von Moral und Ethik unendlich weit aus, sodass nicht selten alle Verantwortung gegenüber den Menschen, der Gesellschaft und der Natur verloren geht. Der Unternehmer braucht den Erfolg. Was dabei wie und wo entsteht, spielt für ihn, wenn überhaupt, nur eine nachgeordnete Rolle.

Die Triebfedern der kapitalistischen Wirtschaft, maßlose Gier und rastloses Streben nach Gewinn, Monopol und Macht, aber auch Ehrgeiz, Leidenschaften und Träume, sind weder an eine bestimmte Moral, Ethik, Ideologie oder Politik noch an einen bestimmten Staat oder eine bestimmte Staatsform gebunden. Dies verleiht dem unternehmerischen Denken, Handeln und Wirken ein Höchstmaß an Freiheit, Flexibilität und Kreativität. Der Unternehmer ist grundsätzlich bereit, unter vielfältigen Zielstellungen zu wirtschaften und er kann sich im Kern auch mit jeder Staatsform arrangieren, wenn diese ihn gewähren lässt. Das Kapital war den Zielstellungen des Kaiserreiches genauso dienlich wie den Zielstellungen der Weimarer Republik, des Dritten Reiches oder denen der westlichen Demokratien nach dem Zweiten Weltkrieg. Selbst die chinesische Art der Diktatur des Proletariats scheint der Unternehmerschaft respektabel zu liegen.

Wichtig ist zu erkennen, dass diese überaus egoistischen Triebfedern der kapitalistischen Wirtschaft gleichzeitig auch ihre Achillesferse sind, denn diese Triebfedern bieten ganz entscheidende Möglichkeiten der bewussten Beeinflussung und des zielstrebigen Gestaltens. Über sie wird die kapitalistische Wirtschaft regulierbar!

Die kapitalistische Wirtschaft kann aufgrund ihrer substanziellen Ausrichtung ursächlich keinen Wertekanon besitzen, aber sie ist bereit einen solchen anzunehmen, wenn die Voraussetzungen dafür stimmen. In dem Maße, wie es der Unternehmerschaft vorrangig um eine bestmögliche Kapitalverwertung geht, sind auch ihre Interessen, Handlungen, Tätigkeiten und Wertvorstellungen lenkbar. Immer dann, wenn akzeptable Renditen zu erwarten sind, entwickelt, produziert und handelt der Unternehmer: Was er soll, wann er soll, mit wem er soll, wo er soll und wie er soll.

Der Unternehmer geht dorthin, wo er gute Bedingungen für seine Pläne vorfindet und er nutzt alle Spielräume zu seinen Gunsten!

Dabei müssen die Voraussetzungen für eine sich lohnende unternehmerische Tätigkeit aber eben nicht nur daraus resultieren, dass die Unternehmen bei den Konsumenten immer wieder neue Bedürfnisse generieren oder die Unternehmen immer wieder neue Standorte mit noch besseren Gewinnchancen ergründen, sondern sie können auch dann entstehen, wenn Politik und Gesellschaft z. B. durch den Einsatz eines breiten Spektrums von Maßnahmen, Stimuli, Aufklärung und Verboten die Nachfrage und die Bedingungen des Wirtschaftens zielstrebig steuern und regeln.

Die kapitalistische Wirtschaft besitzt alle Voraussetzungen, als Zukunftsmodell einer modernen globalen Welt zu dienen. Sie wird gesellschaftliche Notwendigkeiten allerdings nicht aus sich heraus in den Mittelpunkt ihres Handelns stellen. Dafür sind ihre Interessen viel zu egoistisch. Sie nimmt aber eine dienende Funktion gegenüber der Gesellschaft an und ordnet sich dem gesellschaftlichen Hauptziel des globalen Wirtschaftens:

Bei Bewahrung der Schöpfung die Lebensqualität aller Menschen auf unserer Erde zielstrebig zu verbessern und darauf hinzuwirken, dass die Menschen auf allen Erdteilen ein würdevolles und erfolgreiches Leben führen können, unter, wenn unternehmerisches Arrangement unter dieser Zielstellung Erfolg verspricht.

Es kommt also darauf an, die Voraussetzungen für eine solche zielstrebige erfolgreiche unternehmerische Tätigkeit bewusst zu organisieren. Die globale kapitalistische Wirtschaft wird sich dann engagiert den jeweiligen Teilzielen und Teilaufgaben stellen.

In der Regulierbarkeit der kapitalistischen Wirtschaft, die grundsätzlich nicht mit dem Gedankengut einer sozialistischen Planwirtschaft verwechselt werden darf und dieser auch völlig fremd ist, liegen die entscheidenden Möglichkeiten für die Gestaltung einer neuen Wirtschaftsordnung für unsere globale Welt. Einer Weltwirtschaftsordnung, die den Fokus auf das gesellschaftliche Hauptziel des globalen Wirtschaftens richtet, persönliche Freiheit, Kreativität, Schöpfertum und marktwirtschaftlichen Wettbewerb fördert, Verwerfungen und Instabilitäten frühzeitig erkennt, diesen wirksam gegensteuert und aktiv darauf einwirkt, dass sich Wissenschaft, Technik und Wirtschaft im Dienst und zum Vorteil aller Menschen auf unserer Erde entwickeln. Ich bezeichne diese neue Weltwirtschaftsordnung als

„Regulierte internationale Marktwirtschaft"

Das tragende Fundament der neuen Wirtschaftsordnung bleibt die auf dem persönlichen Eigentum an den Produktionsmitteln beruhende Marktwirtschaft; aber diese Marktwirtschaft und ihre Entwicklung wird im internationalen Maßstab bewusst nach den gesellschaftlichen Zielstellungen des globalen Wirtschaftens reguliert. In diesem Sinne ist die kapitalistische Wirtschaft permanent gedrängt, Freiheit und ökonomische Effizienz mit gesellschaftlichen Anforderungen und moralischen Normen in Einklang zu bringen.

Die Führung der Weltwirtschaft unter dem Blickwinkel des gesellschaftlichen Hauptziels erfordert ein breites Spektrum der Regulierung. Dies beginnt z. B. bei der gezielten Einflussnahme auf eine für die menschliche Gesellschaft dienliche Entwicklung von Wissenschaft und Technik, einer maßvollen, umwelt-, klima- und ressourcenschonenden Gestaltung von Produktion und Handel, dem Erhalt der Geldwertstabilität, der Kontrolle der Wirtschafts- und Finanzströme, des internationalen Spekulantentums und elitärer Maßlosigkeiten, geht über die gezielte Förderung des nationalen und internationalen Wettbewerbs, der Erhaltung der Märkte, der Verhinderung von Monopol, Marktmacht und Preisdiktat, der Förderung benachteiligter Gebiete und Kontinente, die würdevolle Einbindung der Menschen in die Arbeitsprozesse, den Erhalt und den Ausbau sozialer Sicherungssysteme bis hin zum generellen Verbot von wissenschaftlichen und wirtschaftlichen Tätigkeiten, die bestimmten Regionen oder der gesellschaftlichen Entwicklung auf unserer Erde schaden.

Die „Regulierte internationale Marktwirtschaft" gibt dem internationalen Denken eine langfristige zielführende Orientierung und dem unternehmerischen Handeln einen klaren, international verbindlichen Rahmen. Sie setzt auf Kreativität, Schöpfertum und die persönliche Freiheit des Menschen. Auf eine Freiheit, die nicht grenzenlos ist, sondern die Entfaltung der eigenen Persönlichkeit in engstem Zusammenhang mit Verantwortung, Vernunft, Toleranz, Respekt und Anstand versteht. Diese Freiheit beeinflusst damit zielstrebig die unternehmerische Freiheit, lenkt das unternehmerische Denken und Handeln und schmiedet schon von sich heraus einen engen Bund mit den gesellschaftlichen Erfordernissen des globalen Wirtschaftens. Die „Bündnistreue" bedarf allerdings der sorgfältigen Beobachtung und bei Notwendigkeit auch der gezielten Korrektur.

Die neue Weltwirtschaftsordnung verlangt vom Unternehmer aber weder die Konvertierung zum Gutmenschentum noch ein Wirtschaften nach utopischen Hirngespinsten. Ein Unternehmer stellt sich im Wesentlichen seiner globalen gesellschaftlichen Verantwortung, wenn er Produkte und Dienstleistungen zu Marktpreisen anbietet, die das Gemeinwohl fördern und die Lebensverhältnisse der Menschen verbessern, wenn er seine Mitarbeiter fair bezahlt und ihnen auf Augenhöhe begegnet, sich korrekt gegenüber Kunden und Zulieferern verhält, international übliche soziale Standards einhält, die Souveränität und Kulturen anderer Staaten achtet und die Kette der Wertschöpfung so organisiert, dass Umwelt, Klima und natürliche Ressourcen geschont werden. Der wirtschaftliche Erfolg darf nicht durch schamlose Unterdrückung und Ausbeutung von Mensch und Natur erreicht werden.

Die neue Weltwirtschaftsordnung trägt dazu bei, Schritt für Schritt alle Länder unserer Erde gleichberechtigt zu integrieren. Dies wird nicht nur zu einer gleichmäßigeren Entwicklung der Länder und Regionen, sondern auch zu einer merklichen Befriedung unserer Welt beitragen. Bisher „Ausgestoßene" und „Ausgenutzte" werden künftig ebenfalls von den Vorteilen einer global aufgestellten Wirtschaft profitieren, der weiteren zügellosen Ausbeutung von Mensch, Natur und Ressourcen entgehen, den ewigen Kreislauf von: Armut – Bürgerkrieg – noch mehr Armut – und wieder Krieg durchbrechen und über die Zeit zu den anderen entwickelten Ländern aufschließen. Die neue Ordnung bietet hierfür alle Voraussetzungen.

Die „Regulierte internationale Marktwirtschaft" steht für den Erhalt der Märkte und fördert auf der Grundlage international verbindlicher Regulative einen breiten, lebhaften unternehmerischen Wettbewerb. Es gilt, aus der strategischen Zielstellung des Wirtschaftens Teilziele und Teilaufgaben abzuleiten, entsprechende Anreize, Regeln, Normen und Verbote zu setzen und dann den freien unternehmerischen Wettbewerb zuzulassen.

Neben den multinationalen Konzernen müssen hier vor allem auch die Handwerksbetriebe sowie die kleinen und mittelständischen Unternehmen in Industrie, Dienstleistung und Landwirtschaft mit im Fokus stehen, denn diese Betriebe sind besonders innovativ, schaffen marktwirtschaftliche Vielfalt, mischen den Wettbewerb auf, halten Arbeit und Ausbildung in der Region und fördern die Herausbildung einer modernen Infrastruktur.

Aufgabe der Regulierung ist es aber nicht, marode Unternehmen künstlich am Markt zu halten. Das bedeutet ohne Umschweife auch, dass Unternehmen, die sich am Markt nicht bewähren, untergehen müssen. Eine solche marktwirtschaftliche Auslese ist notwendig, damit sich Bewährtes erfolgreich weiterentwickeln und aus dem Untergegangenen Neues entstehen kann. Freiheit und Verantwortung, verbunden mit einem klaren Bekenntnis zum Haftungsprinzip, sind wesentliche Kernpunkte der neuen Ordnung. Nur in absoluten Ausnahmefällen ist zu prüfen, inwieweit z. B. durch kurzfristige staatliche Hilfen entstandene Engpässe bei einem Unternehmen erfolgreich überbrückt oder größere Schäden von der Gesellschaft abgewendet werden können. Derartige Hilfen dürfen wirklich nur in absoluten Ausnahmen gewährt werden und müssen auf eine sehr kurze Zeit begrenzt sein. Eine angemessene soziale Abfederung der Betroffenen sowie das gezielte Setzen von Stimuli für neue unternehmerische Initiativen und Beschäftigung sind dagegen selbstverständlich. Aber an dieser Stelle gibt es eben nicht nur den Staat, sondern die unternehmerische Eigenverantwortung verlangt vor allem auch nach einer angemessenen individuellen Haftung.

Der unternehmerische Wettbewerb ist der Eckstein der Marktwirtschaft und das Monopol ihr Totengräber. Wer nicht mehr durch den Wettbewerb kontrolliert wird und damit Macht über den Markt besitzt, diktiert die Verkaufsbedingungen und bringt die Gesellschaft in direkte Abhängigkeit.

Beherrscher des Marktes bewegen sich in einem Raum „der gespürten absoluten Freiheit" mit dem Verlangen, Macht und Einfluss immer weiter auszubauen. Gelebt wird eine Freiheit, in der die Verantwortung immer mehr an Bedeutung verliert.

Hier liegt ein grundlegender Wesenszug der kapitalistischen Wirtschaft. Es gilt zu begreifen, dass der Unternehmer im Grunde gar keinen marktwirtschaftlichen Wettbewerb will. Jeder Mitbewerber ist ihm lästig und ein regelrechter Graus, denn er schafft Unruhe, bindet Kunden und schmälert seinen Gewinn. Das permanente Streben, den oder die Konkurrenten zielstrebig auszuschalten und das Monopol zu erlangen, liegt also in der Natur der Sache.

Gestützt auf eine international verbindliche Kartell- und Fusionsgesetzgebung, gilt es deshalb eine Wettbewerbspolitik zu organisieren, die Kreativität und Konkurrenz der Märkte sichert und Tendenzen der Monopolisierung vorausschauend energisch gegensteuert.

Preiskontrollen, Fusionsverbote und Entflechtungen bis hin zur Zerschlagung des Monopols durch mit entsprechender Macht ausgestatteter internationaler Instanzen sind an dieser Stelle nicht nur legitim, sondern sogar eine absolute Notwendigkeit.

Eine Verstaatlichung der Unternehmen ist aber grundsätzlich nicht das Ziel der Regulierung!

Mithilfe der neuen Weltwirtschaftsordnung wird es weiterhin möglich, aktiv auf die Entwicklung der nationalen und internationalen Arbeitsmärkte Einfluss zu nehmen und der komplexen Bedeutung der Arbeit für Mensch und Gesellschaft einen gebührenden Stellenwert einzuräumen.

Die Marktwirtschaft lebt vom Verkauf. Dies setzt neben Nachfrage und Produktion auch eine zahlungsfähige Bevölkerung voraus. Aus der Kaufkraft regeneriert sich letztlich immer wieder Nachfrage, was in der Folge wiederum die Investitionstätigkeit der Unternehmen beflügelt. Einkommenszuwächse sind also nicht nur höchst sinnvoll, sondern eine absolute Notwendigkeit für stabile Binnenmärkte und das langfristige Funktionieren der kapitalistischen Produktionsweise überhaupt.

Dabei sind aber gerade die Lohnkosten kein unwesentlicher Bestandteil der Gesamtkosten eines Unternehmens. Deshalb sind verordnete Lohnzurückhaltungen stets auch „Wasser auf die Mühlen" der Unternehmer. Sie bringen ihm, aber auch dem jeweiligen Land zunächst einen ganz erheblichen Wettbewerbsvorteil, wenn das Land seine Währung nicht aufwertet. Die wachsende Auslandsnachfrage stimuliert die heimische Produktion und natürlich auch den Export.

Wird jetzt z. B. durch Steuervergünstigungen u. Ä. nicht interveniert, stagniert die Kaufkraft der heimischen Bevölkerung oder entwickelt sich sogar rückläufig. Dies schwächt die Binnennachfrage und ruiniert über die Zeit den Binnenmarkt.

Im Gegenzug überschreiten die Handels- und Leistungsbilanzüberschüsse des Landes jegliches normale Maß. In der Konsequenz muss das Land seine Währung aufwerten und damit die verordnete Lohnzurückhaltung selbst neutralisieren oder umgekehrt, die Handelspartner kürzen in ihrem Land ebenfalls die Löhne oder werten ihre Währung ab. Dann beginnt das Rennen wieder von vorn.

Verordnete Lohnzurückhaltungen können also, wenn überhaupt, nur zur kurzfristigen Überbrückung außerordentlicher Schwierigkeiten sinnvoll ein. Langfristig bringen sie den Volkswirtschaften keine nachhaltigen Vorteile, sondern fördern im Gegenteil Ungleichheit und Zwietracht in der Gesellschaft.

Es gibt nur wenig, was einer Gesellschaft und der Demokratie mehr schadet als wachsende Ungleichheit. Eine gespaltene, von Hass und Neid erfüllte Gesellschaft ist der beste Nährboden für sozialen Unfrieden, Populismus, Extremismus und Krieg. Jede Gesellschaft, jede Regierung sollte deshalb sorgfältig darauf achten, dass ein angemessener Teil des wirtschaftlichen Ergebnisses in die breite Masse der Bevölkerung fließt. Dass die Nominallöhne dem Produktionswachstum plus dem Inflationsziel[49] folgen, kann dabei eine sinnvolle Orientierung sein.

Die Verbesserung der Lebensverhältnisse der Menschen steht nahezu immer im engen Zusammenhang mit der Verbesserung der Einkommensverhältnisse. Aber auch wenn Arbeit nach wie vor die Haupteinkommensquelle für die überwiegende Mehrheit der Menschen ist, ist Verteilungsgerechtigkeit, die nicht mit einer sozialistischen Gleichmacherei verwechselt werden darf, nicht der Hauptplatz der Wirtschaft; auch wenn dies die Öffentlichkeit fälschlicherweise immer wieder annimmt. Die Wirtschaft kann hierauf z. B. durch das Zahlen fairer Löhne und Gehälter oder durch eine korrekte Positionierung bei den Tarifverhandlungen nur bedingt Einfluss nehmen. Da solche Großzügigkeiten aber nicht dem Wesen des Kapitalismus entsprechen, bedarf es auch hier der gezielten Einflussnahme. Zu fairen Löhnen und korrekten Tarifabschlüssen wird sich die kapitalistische Wirtschaft nur dann drängen lassen, wenn der Partner auf der anderen Seite des Tisches auch eine angemessene Stärke repräsentieren kann.

Für Verteilungsgerechtigkeit in der Gesellschaft zu sorgen, ist eine erstrangige Aufgabe des Staates, denn er und nur er, besitzt die

Hoheit über Steuern und Abgaben. Es ist der Staat und in Vollzug die jeweilige Regierung, die diesem stark subjektiv geprägten Begriff der Verteilungsgerechtigkeit sein praktisches Gesicht geben.

Mithilfe der „Regulierten internationalen Marktwirtschaft" wird es möglich, das Handeln der globalen Wirtschaft langfristig auf das gesellschaftliche Hauptziel des globalen Wirtschaftens auszurichten und damit dem „Wirtschaften auf Kosten anderer" wirksam entgegenzutreten. Die regulierenden Eingriffe in das Wirtschaften haben deshalb stets auch einen zutiefst politischen Charakter, der unter globalen Bedingungen zwangsläufig den nationalen Rahmen überschreitet. Dabei gilt es, die ökonomischen Vorteile einer freien Marktwirtschaft möglichst umfassend zu erhalten und die mit ihr verbundenen negativen Auswirkungen weitestgehend zurückzudrängen. Alle Regulierungen werden sich deshalb auch immer in einem ständigen Kompromiss zwischen unternehmerischer Freiheit und gesellschaftlicher Notwendigkeit bewegen.

Unter diesem Blickwinkel sind alle sich bietenden Chancen der Globalisierung zu ergreifen und der feste politische Wille zu entwickeln, mithilfe der neuen Ordnung die Weltwirtschaft zum Nutzen aller Menschen auf unserer Erde zu organisieren.

2.5 Die Politik ist gefordert

Betrachtet man die aktuelle weltpolitische Lage, so lassen die Gedanken bezüglich der neuen Weltwirtschaftsordnung zunächst ein Abgleiten ins Schwärmerische vermuten. Aber das ist ein Irrtum und grotesker Weise schafft niemand anderes als die globale Wirtschaft selbst, mit ihren internationalen Märkten, der extremen Konzentration der Produktion, dem Einfließen immer größerer internationaler Geldströme, dem Verblassen der Eigentümerstrukturen, der Ausweitung der internationalen Arbeitsteilung und Kooperation sowie dem Zusammenwachsen der Märkte und Kulturen nicht nur die besten Voraussetzungen, sondern auch die direkten Notwendigkeiten für ihre weltweite praktische Umsetzung. Viele Probleme der Politik, Wirtschaft, Umwelt oder Sicherheit überschreiten den nationalen Rahmen und bedürfen hinsichtlich einer Lösung der internationalen Koordinierung und Kooperation.

Wer aber muss die „Regulierte internationale Marktwirtschaft" aus „der Utopie" in die Wirklichkeit führen und die globale Wirtschaft im Dienst und zum Vorteil aller Menschen auf unserer Erde organisieren?

Die Antwort auf diese Frage ist klar und eindeutig:

Dies ist ohne jeden Zweifel eine zentrale Aufgabe der Politik!

Die Politik muss sich der mit dem wissenschaftlich-technischen Fortschritt verbundenen Entwicklung der Produktivkräfte stellen, die Chancen der Globalisierung ergreifen und sowohl das internationale Wirtschaften als auch das Zusammenwachsen der Märkte, Nationen und Kulturen zielstrebig in geordnete Bahnen lenken. Egoistische nationale Alleingänge oder eine Bündnispolitik, wo das eine Bündnis des anderen Feind ist, führen in keine friedliche Zukunft. Es gilt endlich zu begreifen, dass in einer globalen multipolaren Welt die Chancen für eine erfolgreiche Entwicklung der einzelnen Staaten nicht im Nationalismus, sondern nahezu ausschließlich nur noch in einem friedlichen, zum gegenseitigen Vorteil ausgerichteten Internationalismus liegen. Die Länder müssen erkennen, dass es ihren künftigen ureigensten Interessen entspricht, wenn die nationale Politik ein fester Bestandteil eines international abgestimmten, weltumspannenden Entwicklungskonzeptes ist.

Die ordnende Kraft in der Gesellschaft muss die Politik sein. Ein Anspruch dieser auf Vorrang vor allen anderen Bereichen und Teilen der Gesellschaft ist deshalb legitim, denn nur aus einer solchen primären Stellung heraus kann die Politik ein funktionierendes Gemeinwesen organisieren, einen gerechten Zugang zu den öffentlichen Gütern sichern, für eine gerechte Einkommens- und Vermögensverteilung sorgen und die dienende Funktion der Wirtschaft gegenüber der Gesellschaft durchsetzen.

Aber allein das Primat der Politik gegenüber der Wirtschaft ist noch keine hinreichende Bedingung für ein Wirtschaften im Interesse und zum Nutzen der Menschen.

Wie vorn bereits gezeigt, bestimmt in letzter Konsequenz allein der Mensch Ziel, Charakter, Moral und Ethik der Wirtschaft. Doch die Menschen sind von keinem einheitlichen, standardisierten Schnitt. Sie haben unterschiedliche Bedürfnisse, Fähigkeiten und Interessen. Auch die Auffassungen über Moral, Ethik, Vernunft und Religion sind höchst differenziert.

Aus dieser Vielfalt heraus finden und organisieren sich Menschen mit gleichen oder weitestgehend ähnlichen Vorstellungen z.B. in Parteien oder anderen gesellschaftlichen Organisationen und tragen über diese ihre Auffassungen, Interessen, Ziele und Aufgaben, ihre Politik, in die Massen.

Politik ist daher stets interessenorientiert. Hinter ihr stehen Menschen mit ganz bestimmten Gedanken, Vorstellungen und Zielen.

Wer die Macht erlangt, ist nicht nur bestrebt, diese zu erhalten, sondern vorrangig auch daran interessiert, seine Ziele und Interessen gegenüber der Gesellschaft durchzusetzen. Dass die Wirtschaft als wesentlicher Bestandteil der Gesellschaft hiervon nicht unberührt bleibt, ist selbstverständlich. Für Charakter, Moral, Ethik, Ausrichtung und Rahmenbedingungen des Wirtschaftens ist es deshalb von ausschlaggebender Bedeutung, wer die Macht in der Gesellschaft besitzt, welche Ziele und Interessen die ausübende Macht verfolgt und wie sie diese gegenüber der Wirtschaft durchsetzt.

Von der kapitalistischen Wirtschaft kann man nicht verlangen, was ihrem Wesen gar nicht entspricht. Sie ordnet ihre Interessen den politischen oder gesellschaftlichen letztlich nur dann unter, wenn sich dies für sie lohnt oder wenn der Zwang keine anderen Möglichkeiten zulässt.

Die Politik ist deshalb gefordert. Sie muss erkennen, dass in einer global organisierten Welt nationale Alleingänge letztlich für niemanden von Vorteil sind. Sie muss sich in ähnlicher Weise wie die Wirtschaft ebenfalls international organisieren und aus einer starken überstaatlichen Gemeinschaft heraus dem gesellschaftlichen Hauptziel des globalen Wirtschaftens verpflichtet sein. Aus dieser Verpflichtung heraus hat die Politik die Wirtschaft bewusst auf dieses Ziel zu orientieren, die Voraussetzungen für eine sich lohnende unternehmerische Tätigkeit unter dieser Zielstellung zu schaffen, den Wettbewerb zu fördern, auf die Einhaltung der gesetzten Ziele und Rahmenbedingungen des Wirtschaftens zu drängen und Verstöße dagegen konsequent zu sanktionieren. Die „Regulierte internationale Marktwirtschaft" eröffnet der Politik hier ein außerordentlich breites Feld des kreativen Wirkens.

Das Bekenntnis der Politik zum gesellschaftlichen Hauptziel des globalen Wirtschaftens und zur „Regulierten internationalen Marktwirtschaft" muss zu einem gesellschaftlichen Bekenntnis werden und in den einzelnen Ländern seine verfassungsrechtliche Verbriefung finden. Nur dieser Status zwingt letztlich die unterschiedlichen politischen Parteien, die Regierung sowie alle anderen Akteure der Gesellschaft die grundsätzlichen Orientierungen anzuerkennen und den zugestandenen Toleranzbereich nicht ungestraft zu verlassen.

Die Politik ist Träger der neuen Wirtschaftsordnung. Dabei gilt, der Wirtschaft so viel Freiheit, Selbstbestimmung und Selbstverwirklichung zu lassen, dass das Primat der Politik stets noch gewahrt bleibt und ihre führende Rolle nicht infrage steht. In dem Moment, wo die Politik das Primat und damit die Macht über die globale Wirtschaft verliert, wird die Politik zum Getriebenen und zum Befehlsempfänger der Wirtschaft. Die Wirtschaft nutzt dann die politischen Freiräume, entwickelt eine gewisse Eigendynamik, entfernt sich von den politischen Orientierungen und formuliert ihre ganz eigenen Strategien und Ziele. Dies ist auch durchaus nichts Abartiges, denn die Unternehmen müssen sich unter dem Druck der Konkurrenz den internationalen Märkten stellen und dieser Wettbewerb verlangt ein ständiges Ausloten, Erkennen und Nutzen möglicher Freiräume, Vorteile und Chancen. Überschreitet nur ein Unternehmen im Rahmen des Wettbewerbes Grenzen, Normen, Regeln oder Verbote ungestraft und verschafft sich so ungerechtfertigte Vorteile, muss es zwangsläufig ein anderes Unternehmen auch, wenn es weiter am Markt bestehen will. Die Freiräume der Unternehmen, ihre Kontrolle sowie die Konsequenzen bei Überschreitungen entscheiden damit ganz maßgeblich über Art und Weise des Wirtschaftens überhaupt.

Politik in der Defensive bedeutet, die Entwicklung wird den Egoisten, Spekulanten und Sanierern überlassen. Wer jetzt Macht und Einfluss hat, nimmt sich, was er kann, und organisiert alles Weitere so, dass künftige Zugriffe immer üppiger ausfallen. Die Wirtschaft verliert ihre dienende Funktion gegenüber der Gesellschaft, wird zum Selbstzweck und zum Nutzen weniger. Alle Grundsätze eines ehrbaren Industriellen, Kaufmanns, Bankiers, Wissenschaftlers oder Landwirts gehen verloren.

In einer solchen Position kann die Politik weder ein für Verteilungsgerechtigkeit sorgendes Steuer- und Abgabensystem durchsetzen noch der Wirtschaft Richtung geben; geschweige denn sie in einem verfassungsrechtlich garantierten Rahmen wirksam regulieren. Die historisch einmaligen Chancen der Globalisierung für unsere Welt gehen verloren oder schlimmer noch, sie kehren sich sogar ins Gegenteil.

Die „Regulierte internationale Marktwirtschaft" umfasst die globalen Märkte in ihrer Gesamtheit. Damit wird jedes Land, das sich zu dieser Weltwirtschaftsordnung bekennt, zwangsläufig auch ein integraler Bestandteil. Diese internationale Einbindung fördert und schützt die jeweiligen Nationalstaaten und deren Wirtschaft einerseits, verlangt andererseits aber auch gleichzeitig die Einhaltung von Vorgaben und Richtlinien übergeordneter Instanzen, auf welche später noch näher eingegangen wird.

Die Unternehmerschaft wird der „Regulierten internationalen Marktwirtschaft" zunächst skeptisch, letztlich aber doch positiv gegenüberstehen. Überzeugen werden vor allem die verbindlichen strategischen Zielsetzungen und die Spielregeln für den internationalen Wettbewerb. Die globale Wirtschaft braucht diese Klarheit, Beständigkeit und Verlässlichkeit und keine Politik, die von den Stimmungen und Scharmützeln des nationalen und internationalen Tagesgeschehens oder von speziellen Interessen einzelner Wählerschichten und Lobbyisten diktiert wird. Diese Forderung verstärkt sich mit der wachsenden technischen Zusammensetzung des Kapitals und einem damit verbundenen stetig steigenden Investitionsvolumen.

Die Vorteile einer verbindlich strategisch ausgerichteten internationalen Wirtschaftspolitik mit klaren Regeln für den globalen Wettbewerb werden vor allem auch die Unternehmer in den Demokratien wohlwollend zur Kenntnis nehmen. So gut es ist, dass man mit den demokratischen Wahlen unliebsame Regierungen unblutig wieder loswird, so problematisch ist es, speziell auch für die Wirtschaft, dass mit jeder Wahl auch ein Politikwechsel verbunden sein kann und die neue Regierung dann eine andere Wirtschaftsstrategie verfolgt als ihre Vorgängerin. Was bisher „Linie" war, wird jetzt auf einmal in Zweifel gezogen, vernachlässigt oder sogar ganz verboten.

Das macht strategisches unternehmerisches Arbeiten schwierig, insbesondere dort, wo Investitionen eine langfristige Planungssicherheit brauchen.

Ein anschauliches Beispiel hierfür liefert Deutschland mit seiner Energiepolitik, die nicht einmal mit den unmittelbaren europäischen Nachbarn abgestimmt ist. Gerade in der Energiewirtschaft, der Metallurgie oder im Bergbau sind Investitionszeiträume von 10 Jahren und mehr bis zum ersten wirtschaftlichen Nutzen keine Seltenheit und die Bedingungen werden hier nicht einfacher. Diese Zeiträume umfassen dann zwei bis drei Wahlperioden und bei ungünstiger Konstellation zwei bis drei Politikwechsel. Dies kann kein Unternehmen, keine Wirtschaft und keine Gesellschaft auf Dauer ohne spürbaren Schaden verkraften.

Die „Regulierte internationale Marktwirtschaft" basiert auf einem von der internationalen Politik getragenen weltwirtschaftlichen Gesamtkonzept. Die hier getroffenen Entscheidungen sind verbindlich zielorientiert und von strategischer Natur. Sie verlieren sich nicht im Klein-Klein und bleiben von den aktuellen Stimmungen der Tagespolitik eines Landes weitestgehend unberührt. Dies gibt der Wirtschaft eine klare, verbindliche Orientierung mit einem Höchstmaß an Verlässlichkeit über einen langen Zeitraum und engt gleichzeitig die Spielräume der einzelnen Regierungen für kurzfristige Richtungswechsel maßgeblich ein.

Die erfolgreiche politische Durchsetzung der „Regulierten internationalen Marktwirtschaft" erfordert neben Macht und Willen vor allem auch fachliche Kompetenz der Entscheidungsträger. Es ist ein absoluter Irrtum zu glauben, dass z. B. die Führung eines Ministeriums kein fachlich fundamentiertes Wissen auf dem jeweiligen Gebiet verlangt. Aber diese Fachkenntnisse erwirbt man eben nicht durch eine besondere Beharrlichkeit auf der sogenannten Ochsentour, durch besondere Loyalität gegenüber der Partei und dessen Vorsitz oder vielleicht dadurch, dass man von der Partei kurzerhand zu einem Experten für ein Fachgebiet ernannt wird. Es erstaunt immer wieder, mit welcher Selbstverständlichkeit und mit welchem

Selbstvertrauen Politiker höchste Ämter annehmen, obwohl sie dafür überhaupt nicht die entsprechenden fachlichen Abschlüsse und Qualifikationen nachweisen können. Das Ganze wird noch verwunderlicher, wenn gleiche Personen zwischen fachlich völlig artfremden Ämtern wie selbstverständlich hin und her wechseln.

Es geht nicht darum, den jeweiligen Personen Karrieresucht oder Unfähigkeit bescheinigen zu wollen. Das Problem besteht vielmehr darin, dass sie aufgrund der mangelnden Fach- und Sachkenntnis auch das Aufgabenfeld ihres Amtes nur ungenügend erfassen und verstehen können; geschweige denn, zu einer fachlich fruchtbringenden interdisziplinären Zusammenarbeit fähig sind.

Unkenntnis produziert leider auch wenig Zweifel an der Richtigkeit getroffener Entscheidungen, im Gegenteil, sie verleiht der jeweiligen Person vielfach sogar noch Selbstsicherheit und Selbstvertrauen.

Aufgrund fehlenden Fachwissens wissen die jeweiligen Personen gar nicht, was sie in Bezug auf das jeweilige Fachgebiet nicht wissen. Auch gilt es fast schon als legitim, dass Amtsträger nur noch von Ergebnissen eingesetzter Arbeitsgruppen leben, Vorlagen nicht selbst beurteilen können oder Auswirkungen ihrer Entscheidungen erst bei Lobbyisten erfragen müssen. Wie objektiv derartige Einschätzungen und Ratschläge dann sind und wem sie vorrangig nützen, bedarf hier keiner weiteren Erörterung.

Fachliche Inkompetenz der politischen Entscheidungsträger ist für jede Gesellschaft eine sehr ernst zu nehmende Gefahr. Eine Gefahr, die sich mit Höhe und Anzahl der inkompetent besetzten Ämter potenziert.

Für diese Gefahren sind aber eben nicht nur Diktaturen anfällig, sondern leider auch die Demokratien. Über die demokratischen Wahlen kann praktisch jede Person bis in allerhöchste staatliche Ämter vordringen. Es ist deshalb nicht verwunderlich, dass gerade auch politische Parteien auf Selbstdarsteller, Machtmenschen oder auf im üblichen Berufsleben erfolglos Gebliebene eine ganz besondere Anziehungskraft ausüben. Im Gegensatz zur Wirtschaft sind die Kriterien zur Bewertung der Tätigkeit eines Politikers sehr viel unkonkreter. In der Partei kann man durch Unterordnung, Schmeicheln, angepasstes Reden, gute Rhetorik auch ohne eigene Meinung und ohne die sonst notwendigen schulischen Abschlüsse mit ganz wenig Risiko etwas werden. Ist man dann erst einmal in Funktion, ist man in der Regel auch für später rund um gut versorgt.

Leider sieht die Mehrzahl der Wähler diese Problematik relativ locker. Bei den sogenannten Spitzenkandidaten stehen oft weniger fachliche Qualifikation, Leistung und soziale Kompetenz in der Gunst, als vielmehr:

Sympathie, Charme, Aussehen, Auftreten, Ausstrahlung, Rhetorik, Feindbild vom politischen Gegner, Durchsetzungsvermögen, Religionszugehörigkeit oder Aussehen und Sympathie der Gattin, Familienleben und Umgang mit den Kindern u.Ä. Ein gut organisiertes und finanziell reichlich ausgestattetes Wahlkampfmanagement setzt dann den Kandidaten, insbesondere über die modernen Medien, gekonnt in Szene.

Die Gefahr, dass Blender und Unfähige an die Macht kommen, die im Amt dann der Gesellschaft mehr schaden als nützen, ist also auch in den Demokratien groß. Diese Gefahr wird leider auch in Zukunft nicht ganz auszuschließen sein. Die Gesellschaft kann aber bewusst eindeutige Hürden setzen. Eine solche Hürde wäre z.B. eine korrekte Stellen- bzw. Amtsbeschreibung für die jeweilige Funktion. In dieser sind u.a. die notwendigen praktischen Erfahrungen auf diesem Fachgebiet sowie der für dieses Fachgebiet vorzulegende Grad der Qualifikation zu benennen. Dabei verlangt Letzteres die strenge Unterscheidung zwischen einem Universitäts-, Hochschul- oder anderen Schulabschluss.

Auch für Staatsoberhäupter, denen man zwangsläufig ein gewisses „Generalistentum" zubilligen muss, sind Kriterien notwendig, damit diese überhaupt in solche Funktionen berufen werden können. Die Erarbeitung und Durchsetzung solcher Kriterien ist sicherlich alles andere als einfach, aber notwendig, damit nicht wieder Verführer, Blender und Unfähige in solche exponierten Stellungen kommen. Die demokratischen Wahlen selbst geben dafür leider keine hinreichende Garantie.

Erfüllt der Kandidat die Qualifikationsanforderungen nicht, ist er von den zuständigen Stellen auch nicht in das Amt zu berufen. Eine solche unumstößliche Hürde sorgt bereits vor einer Wahl für klare Verhältnisse bei der Auswahl der Kandidaten und stellt später sicher, dass der Amtsträger bei Amtsantritt auch das Aufgabenfeld seines Bereiches im notwendigen Umfang fachlich erfassen und Auswirkungen seiner Entscheidungen und Maßnahmen selbstständig einschätzen kann.

Das Primat der Politik gegenüber der Wirtschaft und die zielstrebige Orientierung der globalen Wirtschaft auf das gesellschaftliche Hauptziel des globalen Wirtschaftens sind ein absolutes Erfordernis unserer Zeit. Da aber die globale Wirtschaft von keiner Nation allein mehr beherrscht werden kann, muss sich die Politik international organisieren, entsprechend autorisierte Institutionen schaffen, diese mit kompetentem Personal besetzen und bereit sein, nationale Macht an diese übergeordneten Institutionen abzugeben. Jeglicher nationaler Egoismus hemmt den internationalen gesellschaftlichen Fortschritt und spielt dem Wirtschaftlichen direkt in die Hände.

2.6 Die „Dreigliedrigkeit"

Zur weltweiten Durchsetzung der „Regulierten internationalen Marktwirtschaft" benötigt die Politik Verbündete. Diese findet sie u. a. in einer politisch aufgeklärten und selbstbewussten Bevölkerung, in wissenschaftlichen, wirtschaftlichen und politischen Gremien, in fortschrittlichen Parteien und Organisationen; aber vor allem auch in den Arbeitnehmern und Arbeitgebern und ihren nationalen und internationalen Verbänden. Genannt werden hier ausdrücklich beide Seiten der in Deutschland bezeichneten Tarifpartnerschaft, denn im Zusammenspiel zwischen Politik, Unternehmertum und Arbeiterschaft, zwischen Politik, Arbeitgeberverbänden und Gewerkschaften liegt ein ganz wesentliches Fundament für den Erfolg der neuen Weltwirtschaftsordnung. Nur wenn diese „Dreigliedrigkeit" auf nationaler und internationaler Ebene funktioniert, ist eine nachhaltige Regulierung der globalen Wirtschaft und ihrer Märkte im Dienst der Menschen möglich. Funktionieren bedeutet in diesem Zusammenhang, dass einerseits die Politik über ausreichend Macht, Willen, Unabhängigkeit und fachliche Kompetenz verfügt, um zielstrebig regulierend auf die Wirtschaft Einfluss nehmen zu können und andererseits zwischen organisierter Unternehmer- und Arbeiterschaft ein annäherndes Kräftegleichgewicht herrscht.

Die Gewerkschaften als Interessenvertreter der Arbeitnehmer sind unabhängige Organisationen und besitzen Koalitionsfreiheit. Sie sind keiner Partei verpflichtet, werden aber Parteien, deren Programm ihre Interessen tangieren, verstärkt unterstützen.

Ziel der Interessenvertretung ist die allseitige Verbesserung der wirtschaftlichen und sozialen Lage der Arbeitnehmer. Im Vordergrund stehen dabei solche Fragen wie: Entlohnung, Urlaub, Arbeitszeitregelung, Arbeitsbedingungen, Arbeits- und Unfallschutz, Absicherung der Arbeitnehmer bei Krankheit, Invalidität, Arbeitslosigkeit und Streik, Mitbestimmung am Arbeitsplatz und im Unternehmen, Rechtsschutz und Rechtsberatung, Schulung, Fortbildung u. Ä.

Es ist unschwer zu erkennen, dass die Ziele der Gewerkschaften den Interessen der Arbeitgeber nicht selten sogar diametral entgegenstehen. Alle Forderungen, die den eigenen Reichtum mindern, widerstreben der Unternehmerschaft zutiefst und treffen sie direkt ins Mark. Selbst die Erkenntnis, dass auch Unternehmen nicht im luftleeren Raum existieren, sondern nur dann auf Dauer erfolgreich agieren können, wenn auch die jeweilige Gesellschaft die erforderliche Stabilität und Kaufkraft aufweist, wird zugunsten des Eigennutzes verdrängt.

Der Interessenkonflikt zwischen Kapital und Arbeit verlangt ein ständiges Ringen nach ausgewogenen und für beide Seiten tragbaren Lösungen. Solche Lösungen sind vor allem dann erreichbar, wenn auch die Kräfteverhältnisse zwischen den Akteuren ausgewogen sind. Geraten diese Kräfte aus der Balance, hat das Ungleichgewicht nicht nur negative Auswirkungen auf die wirtschaftliche Entwicklung, sondern es gefährdet im höchsten Maße auch den sozialen Frieden, hebelt über die Zeit jedes noch so gut funktionierende Staatswesen aus, destabilisiert die demokratische Ordnung und letztlich die gesamte Gesellschaft. Zu wessen Gunsten sich die Kräfte verschieben, ist in diesem Zusammenhang zunächst völlig unerheblich. Starke Unternehmen und schwache Gewerkschaften sind für die Gesellschaft ebenso schädlich wie umgekehrt starke Gewerkschaften und schwache Unternehmen. Letzteres zeigt z. B. die Entwicklung in Großbritannien nach dem Zweiten Weltkrieg bis 1979.

Unter marktwirtschaftlichen Bedingungen sind zu Unrecht erzwungene Vorteile auf der einen Seite immer nur Scheinerfolge, die auf längere Sicht stets zum Nachteil des Einzelnen und der Gesellschaft werden. Es ist deshalb wichtig, dass die Politik aus einer neutralen Stellung heraus die Interessen beider Seiten gleichberechtigt bewertet und aktiv auf ein Balancieren der Kräfte zwischen Arbeitgeber- und Arbeitnehmerschaft bzw. Arbeitgeberverbänden und Gewerkschaften hinwirkt. Die Mitbestimmung ist ein unverzichtbares demokratisches Steuerungsprinzip der Marktwirtschaft.

Deshalb ist es notwendig, dass sich Kapital und Arbeit auf Augenhöhe begegnen.

Natürlich kann die Politik nicht die Aufgaben der Gewerkschaften übernehmen. Aber sie kann, bei Notwendigkeit, der Arbeiterbewegung wohlwollend zur Seite stehen und so einen Ausgleich der Kräfte fördern.

In den westlichen Industrienationen sind die Gewerkschaften, nicht zuletzt schon aufgrund ihrer langen Tradition, gut organisiert. Dieser hohe Organisationsgrad bleibt aber, in ähnlicher Weise wie bei der Politik, bisher vorrangig auf den nationalen Rahmen beschränkt. Im internationalen Maßstab ist die Gewerkschaftsbewegung zersplittert und von einheitlichen Organisationsformen, Handlungsweisen und Kampfmaßnahmen weit entfernt. Dadurch hat sich das Kräfteverhältnis extrem zugunsten der international organisierten Unternehmerschaft verschoben. Die Unternehmer müssen deshalb auch im Rahmen ihres weltweiten Agierens kaum mit wirksamen international abgestimmten gewerkschaftlichen Kampfmaßnahmen rechnen.

Aufgrund der Situation hat das internationale Unternehmertum mit den nationalen Gewerkschaften leichtes Spiel. Sie werden in ähnlicher Weise wie die Politik über den Konkurrenzmechanismus gegeneinander ausgehebelt und zu immer weiter reichenden Zugeständnissen gezwungen. Die Abwesenheit der Gewerkschaften und der Politik auf internationaler Bühne, öffnet der Ausbeutung Tür und Tor. Die Folgen für die Arbeitnehmer und die einzelnen Staaten sind verheerend und dieses Szenario wird sich im Zuge der Digitalisierung keinesfalls entschärfen. Internet-Plattformen kennen weder Raum noch Zeit. Solounternehmer, die hier ihre Dienste feilbieten, stehen in härtester internationaler Konkurrenz. Diese Leute leben über die ganze Welt verstreut, arbeiten vielfach von zu Hause aus und sind weder in Belegschaften noch in anderen sozialen Gruppierungen organisiert. Der Kampf um Aufträge setzt einen maßlosen Unterbietungswettbewerb in Gang, der unweigerlich zur Herausbildung eines digitalen Prekariats führen wird. Die humane Arbeitsgesellschaft ist also auch in den Industrienationen in ernster Gefahr.

Die Gewerkschaften sind hier in der Verantwortung. Sie müssen in enger Zusammenarbeit mit der Politik frühzeitig regulierend in die digitale internationale Arbeitswelt eingreifen und einem arbeitsrechtlichen Missbrauch vorbeugen.

Aber all das gelingt eben nur in engster internationaler Zusammenarbeit. Die Zeit ist deshalb mehr als überfällig, dass die Arbeiterbewegung international aktiv wird und international geschlossen auftritt. Gewerkschaftsarbeit darf nicht länger an den Landesgrenzen enden. Eine nationale Arbeiterschaft, und sei sie auch noch so gut organisiert, ist gegen die globale Macht des Kapitals über die Zeit chancenlos.

Die Gewerkschaften müssen den nationalen Rahmen durchbrechen, sich international vernetzen, ihre Schlagkraft durch eine internationale Bündelung der Kräfte verstärken und nationale Macht an international autorisierte übergeordnete Instanzen der Arbeiterbewegung abgeben.

Diese Prozesse muss die Arbeiterbewegung selbst in Gang setzen. Mit Unterstützung der Unternehmerschaft ist an dieser Stelle nicht zu rechnen. Sie wird nicht selbst „den Ast" absägen, auf dem sie gerade triumphiert. Auch die Politik kann nur unterstützend auf ein akzeptables Kräfteverhältnis zwischen Kapital und Arbeit hinwirken. Eine solche Unterstützung ist legitim und verletzt grundsätzlich nicht das Neutralitätsprinzip der Politik; also auch dann nicht, wenn z.B. umgekehrt die Unternehmerschaft in einer schwächeren Position gegenüber der Arbeiterschaft wäre.

3 DIE FÜHRUNG DER WELTWIRTSCHAFT

3.1 Was zu tun ist

Die Wirtschaft ist gegenwärtig in nahezu allen Bereichen der alleinige Regisseur der Globalisierung. Politik und Arbeiterbewegung sind dem modernen Schrittmaß der Wirtschaft nicht gefolgt und wie in alten Zeiten im nationalen Egoismus verstrickt geblieben. Sogenannte Supermächte, die sich speziell auch nach 1989 als Weltgestalter glaubten, konnten die Erwartungen nicht erfüllen.

Die Weltgemeinschaft benötigt deshalb eine kompetente, von der internationalen Gemeinschaft autorisierte politische Macht, die die Länder unserer Erde repräsentiert, sie zu einem friedlichen und völkerrechtskonformen Handeln zwingt, die Völker integriert und fähig ist, die internationale Staatengemeinschaft zielorientiert zu führen.

Die Weltgemeinschaft benötigt eine kompetente von der internationalen Gemeinschaft autorisierte politische Macht, die für Frieden und Stabilität in der Welt sorgt, aggressiven, kriegerischen oder terroristischen Bestrebungen wirksam entgegentritt, die Durchsetzung demokratischer Verhältnisse weltweit fördert und den Menschenrechten sowie der sozialen Gerechtigkeit im internationalen Maßstab zum Durchbruch verhilft.

Die Weltgemeinschaft benötigt eine von der internationalen Gemeinschaft autorisierte politische Macht, die die Weltwirtschaft und ihre Entwicklung in den Dienst aller Menschen stellt, sie auf das gesellschaftliche Hauptziel des globalen Wirtschaftens ausrichtet, Macht und Einfluss der Wirtschafts- und Finanzoligarchen unter den politischen Willen der internationalen Völkergemeinschaft drückt, schrittweise die gravierenden politischen, wirtschaftlichen und sozialen Unterschiede zwischen den Nationen und Regionen unserer Erde legalisiert und Umwelt, Klima sowie die noch vorhandenen natürlichen Ressourcen vor weiterem Raubbau schützt.

Über eine solche politische Macht verfügt unsere Welt gegenwärtig nicht; und es gilt auch zu begreifen, dass es nicht Aufgabe einer global organisierten Unternehmerschaft ist, dafür zu sorgen, dass sich autorisierte internationale Gremien und Institutionen zur politischen Führung der globalen Welt etablieren. Derartiges entspricht weder ihren Ziel- und Aufgabenstellungen noch ihren vorrangigen Interessen.

Eine demokratisch gewählte Weltregierung z. B. könnte das bestehende Vakuum ausfüllen. Diesbezüglich immer wieder aufkeimende Forderungen haben also durchaus einen verständlichen Hintergrund und es wäre höchst oberflächlich, diese nur für unnütze utopische Fantastereien zu halten. Man kann im Gegenteil fest davon ausgehen, dass für einen solchen Weg bereits die Koordinaten gelegt sind.

Aus rein technischer Sicht sind Wahlen zu einer demokratisch legitimierten Weltregierung längst auch kein Problem mehr. Für eine Aufteilung der Weltbevölkerung aber z. B. in Volksvertretungen und Wahlkreise über die nationalen Grenzen hinweg[50] ist die Weltgemeinschaft allerdings gegenwärtig noch nicht reif. Ganz davon abgesehen, dass einflussreiche, der nationalen Macht und dem nationalen Egoismus verfallene Staaten sowie nicht demokratisch legitimierte Regierungen solche Wahlen mit allen ihnen zur Verfügung stehenden Mitteln torpedieren würden.

An dieser Stelle ist die Aufmerksamkeit auf eine Weltorganisation zu lenken, die auf unserer Erde bereits seit 1945 existiert, der 193 Staaten angehören und die die edelsten Ziele, die sich die Menschheit hinsichtlich ihres Zusammenlebens überhaupt stellen kann, in ihrer Charta festgeschrieben hat. Was gibt es Edleres als die Wahrung des Weltfriedens, die Förderung freundschaftlicher Beziehungen zwischen den Nationen der Erde auf Basis von Gleichberechtigung und Selbstbestimmung, den Schutz der Menschenrechte und die Einhaltung des internationalen Rechts, die internationale Zusammenarbeit zur Lösung wirtschaftlicher, sozialer, kultureller und humanitärer Probleme, die Förderung eines weltweiten sozialen Fortschritts, die Hebung des Lebensstandards der Weltbevölkerung und den Schutz der Umwelt, um die wichtigsten Ziele zusammengefasst zu nennen.[51]

Auch sind die Erfolge der Vereinten Nationen in ihrer bisherigen Geschichte nicht von der Hand zu weisen. So bereiteten sie z. B. in den Zeiten des Kalten Krieges immer wieder eine neutrale Plattform für die Bipolaritäten, forderten beharrlich zum friedlichen Dialog auf und trugen so ganz wesentlich zur Entschärfung zahlreicher Konflikte und zur Erhaltung des Weltfriedens bei. Die Bemühungen für den Erhalt des Weltfriedens blieben auch nach 1990 im Zentrum der Aufgaben. Beispielgebend zu nennen sind hier Kambodscha, Mosambik, Angola, Guatemala und Zypern.

Unübersehbar sind auch die weit gefächerten Engagements auf den Gebieten der humanitären- und Entwicklungshilfe, der weltweiten Durchsetzung der Menschenrechte sowie der Erhaltung der Umwelt.

Gleichzeitig gilt es aber auch zur Kenntnis zu nehmen, dass die Vereinten Nationen bei der Verwirklichung ihrer Ziele und Aufgaben immer wieder an schier unüberwindliche Grenzen stoßen.

Unsere Welt ist weder friedlicher und sicherer noch moralischer und sozialer geworden. Im Gegenteil, mit der Globalisierung wurde die Polarisierung zwischen Arm und Reich vorangetrieben, was die sozialen Spannungen auf unserer Erde erheblich verstärkt hat. Viele Länder sind von Krieg, Krisen, Armut, Hunger, Terror und

Menschenrechtsverletzungen betroffen. Umwelt und Klima scheinen aus den Fugen zu geraten und der Weltfrieden ist gerade in den letzten Jahren selbst in Europa wieder spürbar brüchiger geworden.

Die Zahl der Menschen, die weltweit aufgrund von Kriegen, Verfolgung, Gewalt oder Menschenrechtsverletzungen auf der Flucht waren, lag Ende 2020 bei 82,4 Millionen[52], so hoch wie nie zuvor.

Die Vereinten Nationen werden damit ihren Zielen und Verpflichtungen gegenwärtig ganz eindeutig nicht gerecht. Unweigerlich muss deshalb auch an einer ausreichenden Wirksamkeit dieser Organisation gezweifelt werden.

Trotz all dieser Probleme darf nicht verkannt werden, dass allein die Existenz der Vereinten Nationen für unsere Welt von größter Wichtigkeit ist. Die außerordentliche Bedeutung dieser Organisation besteht schon darin, dass man unter ihrer Schirmherrschaft die Vertreter der Staaten unserer Erde erst einmal an einen Tisch bringt, dass man der Weltgemeinschaft eine Plattform für gemeinsame Gespräche bietet, dass Unerschrockene die Probleme ihrer Länder und der Erde vor der Weltöffentlichkeit aussprechen und ihre Meinung verteidigen können und dass man sich gemeinsam um Lösungen wenigstens bemüht.

Die Vereinten Nationen sind gegenwärtig die einzige bedeutende internationale Organisation, die die politischen, ökonomischen und gesellschaftlichen Probleme unserer Zeit weltweit erfasst, sie zumindest teilweise der Weltöffentlichkeit zugänglich macht, sich im internationalen Maßstab um Lösungen bemüht und dem Aufmerksamen zeigt, ob die eingeleiteten Maßnahmen erfolgreich waren, oder was ihr Scheitern verursachte. Auch wenn Letzteres durch das Wirken einflussreicher Kräfte oft nur indirekt und verdeckt erfolgt, so wird es doch von einer international anerkannten Organisation aufgegriffen und aufbereitet.

Übereifrige, die immer wieder glauben, die Vereinten Nationen abschaffen zu müssen, weil diese Organisation nur Kosten verursache und sonst sowieso nichts wirklich bewege; oder wenn, dann nur im Interesse der Mächtigen, sollten ihre Auffassungen noch einmal gründlich überdenken.

Es gilt doch nicht, die Vereinten Nationen abzuschaffen, sondern vielmehr steht die Aufgabe im Mittelpunkt, diese Organisation unter dem Blickwinkel einer sich entwickelnden globalen multipolaren Welt zielstrebig zu reorganisieren, sie für die Zukunft fit zu machen. Die Ursachen für die gegenwärtigen Probleme dieser Organisation sind aufzuzeigen, Bewährtes ist zu bewahren und für neue Anforderungen sind zukunftsorientierte Lösungen zu erarbeiten.

Der fachkundige Leser wird bereits an dieser Stelle abwinken und berechtigt einwenden, dass eine tiefgreifende Reorganisation der Vereinten Nationen, wie in der Vergangenheit auch in Zukunft wenig Aussicht auf Erfolg haben wird, da nach Artikel 108 und 109 der Charta jede Änderung der Satzung der ausdrücklichen Zustimmung der fünf Vetomächte (USA, China, Russland, Großbritannien und Frankreich) bedarf und es nahezu unwahrscheinlich ist, dass ausgerechnet diese ihre bisherige Macht in dieser Organisation zur Disposition stellen. Die Katze scheint sich hier also regelrecht in den Schwanz zu beißen.

Aber dies scheint eben nur so, denn die Welt ist nicht mehr die nach dem Zweiten Weltkrieg oder zur Hochzeit des Kalten Krieges, sondern erlebt gerade in der Gegenwart dramatische politische, wirtschaftliche und kulturelle Veränderungen, die an den Vereinten Nationen und den dortigen Machtverhältnissen auf gar keinen Fall spurlos vorbeigehen können und auch nicht vorbeigehen werden.

3.2 Gefangen im Machtgefüge der Nachkriegs-geschichte

Die Vereinten Nationen wurden am 26.06.1945 in San Francisco von 51 Staaten als Nachfolgeorganisation des Völkerbundes gegründet. Die Charta trat am 24.10.1945 in Kraft. Hauptsitz ist New York, Nebensitze befinden sich in Genf, Wien und Nairobi. Die Einrichtungen der Vereinten Nationen genießen in ähnlicher Weise wie die Botschaften völkerrechtliche Immunität. Die vorrangigen Ziele dieser Weltorganisation wurden vorn bereits genannt.

Die Hauptorgane der Vereinten Nationen sind:

○ die Generalversammlung
○ der Sicherheitsrat
○ der Wirtschafts- und Sozialrat
○ der Internationale Gerichtshof und
○ das Sekretariat mit dem Generalsekretär

Nach Artikel 22 und 29 der Charta können von der Generalversammlung und vom Sicherheitsrat Nebenorgane eingesetzt werden, die dem jeweiligen Hauptorgan dann Bericht erstatten. So entwickelten sich die Vereinten Nationen über die Zeit zu einem sehr komplexen System.[53]

Die Ursachen für die gegenwärtigen Probleme der Vereinten Nationen sind vielschichtig. Ein Grund aber scheidet sofort aus; es ist der der institutionellen Situierung. Die Vereinten Nationen sind mit Haupt-, Neben- und Spezialorganen, Sonder- und autonomen Organisationen derart großzügig bestückt, dass ein weiterer Ausbau hier mit Sicherheit keinerlei positive Effekte bringen würde.

Es steht außer jedem Zweifel, dass die entstandene strukturelle Komplexität und Vielschichtigkeit die Effizienz der Vereinten Nationen nicht gerade fördert; aber es wäre auch zu einfach, die Ursachen für das gegenwärtige Dilemma dieser Organisation allein auf diesem Feld zu suchen.

Das Grundübel unserer Zeit, der nationale politische Egoismus, überlagert wie ein Spinnennetz auch die Vereinten Nationen. Je stärker und einflussreicher die jeweiligen Staaten, desto umfassender versuchen sie auch ihre ganz speziellen nationalen Interessen im internationalen Maßstab durchzusetzen. Im Mittelpunkt aller Politik steht nicht das Interesse der Allgemeinheit, sondern der ganz eigene nationale Vorteil, gleich zu welchen Lasten er auch geht. Selbst im Bewusstsein und Gespür, dass die wirtschaftlichen und gesellschaftlichen Probleme mehr und mehr dem nationalen Einfluss entgleiten, hält man dieser Entwicklung zum Trotz, mit aller Kraft an der mit den nationalstaatlichen Verhältnissen verbundenen Macht und an einmal erworbenen, historisch längst überholten Privilegien fest.

Den Vereinten Nationen gehören nahezu alle Staaten unseres Planeten an. Es kann aber gar nicht übersehen werden, dass Macht, Einfluss und Kontrolle in dieser Organisation sich im Wesentlichen auf den Sicherheitsrat konzentrieren.

Im Sicherheitsrat haben die Siegermächte des Zweiten Weltkrieges, die USA, Großbritannien, Frankreich, Russland und China, einen ständigen Sitz. Gleichzeitig verfügen sie über jeweils ein Vetorecht, sodass keine Entscheidung den Sicherheitsrat passieren kann, wenn sie nicht ausdrücklich von diesen fünf Ländern gebilligt wird. Damit entscheiden diese fünf Länder letztlich darüber, was gut und böse, richtig und falsch auf unserer Erde ist oder wer als Angreifer und wer als Verteidiger fungiert. Die Vetomächte dirigieren im Kern die Weltgemeinschaft, werden selbst aber durch ihre Sonderrechte nahezu unantastbar.

Wie bereits erwähnt, billigen Artikel 108 und 109 der Charta den ständigen Mitgliedern des Sicherheitsrates weiterhin das Recht zu, Satzungsänderungen der Vereinten Nationen durch Veto zu blockieren. Jedes dieser Länder kann damit einen diesbezüglichen Beschlusswillen der anderen regelrecht aushebeln oder in Hinblick auf eine spätere eventuelle Zustimmung eigennützige Vorteile erpressen.

Die grundsätzliche Präsenz des Sicherheitsrates findet man im Prinzip an allen zentralen Stellen der Vereinten Nationen, so z. B. bei der Ernennung des Generalsekretärs (Artikel 97 der Charta), der Aufnahme neuer Mitglieder und des Ausschlusses von Mitgliedsstaaten (Artikel 4–6 der Charta) oder der Wahl der Richter für den Internationalen Gerichtshof (Artikel 4, Statut des Internationalen Gerichtshofes vom 26. Juni 1945).

„Das Problem liegt darin, dass die Struktur der Vereinten Nationen den herrschenden Machtverhältnissen nicht etwa ausgleichend entgegenwirkt, sondern sie sogar noch verfestigt. Sie gibt den permanenten Mitgliedern ein unmittelbar wirksames und vergleichsweise schmerzloses Mittel an die Hand, Frieden und Gerechtigkeit im Rest der Welt zu verhindern, wann immer dies ihren Interessen dienlich ist."[54]

Unübersehbar ist auch die Präsenz der USA und der anderen einflussreichen Industrieländer in den zahlreichen Sonderorganisationen der Vereinten Nationen, insbesondere dort, wo wirtschaftspolitische Probleme mit globaler Reichweite verhandelt werden.

So gilt das ungeschriebene Gesetz, dass der Chef der Weltbank ein Amerikaner und der des Internationalen Währungsfonds (IWF) ein Europäer sein muss. Gleichfalls ist den USA sowohl beim Internationalen Währungsfonds als auch bei der Weltbank aufgrund der verfügbaren Stimmrechte eine Sperrminorität gesichert.

Leitprinzip der Weltbank und des Internationalen Währungsfonds ist: „Ein Dollar, eine Stimme". Einlagenhöhe und Einfluss stehen damit in direkter Proportionalität. Dies verleitet, vorrangig Maßnahmen und Projekte zu fördern, die im Wesentlichen auch den Interessen des eigenen Landes dienen oder ihnen zu mindestens nicht entgegenstehen.

Der frühere stellvertretende US-Verteidigungsminister Richard L. Armitage bringt den Zustand der Vereinten Nationen mit einem Satz auf den Punkt: „Die UNO ist eine Organisation von gleichen Staaten, aber manche sind gleicher, und wir sind die Nr. 1 unter den Gleicheren."[55]

Kürzer, treffender und zynischer ist eine Charakteristik nur schwer möglich.

Aufgrund der Machtverhältnisse und finanziellen Abhängigkeiten können die Vereinten Nationen eine eigenständige Politik, die vielleicht noch mit den Interessen der Vetomächte oder mit den Interessen anderer potenzieller Beitragszahler kollidiert, überhaupt nicht betreiben. In dieser Konstellation nutzen die einflussreichen Länder die Vereinten Nationen leider nicht selten als willkommenes Sprachrohr zur Durchsetzung und Legitimierung ihrer ganz eigenen geopolitischen und wirtschaftlichen Interessen und damit letztlich zur Festigung ihrer Macht.

Die von nationaler Macht, Stärke, Einfluss und Privilegien geprägten Strukturen der Vereinten Nationen lassen eine gleichberechtigte internationale Staatengemeinschaft in dieser Organisation nicht zu, sondern differenzieren die Mitglieder von vornherein in extremer Form. Es wird gezielt ausgegrenzt und ganz bewusst Handlungsweise und Wirkungsumfang der Organisation beschränkt.

Unter diesen Bedingungen darf es nicht verwundern, dass selbst der Sinn der Generalversammlung der Vereinten Nationen, die jährlich im September stattfindet, zweifelhaft wird, denn ohne die ausdrückliche Billigung der Vetomächte kann diese Versammlung weder etwas Wesentliches beschließen noch etwas Wesentliches durchsetzen. Diese Verhältnisse schwächen die internationale Stellung der Vereinten Nationen in ihrer Gesamtheit und sie entsprechen auch nicht mehr den Anforderungen unserer Zeit.

Im Zuge der Globalisierung gewinnen vor allem auch die Schwellen- und Entwicklungsländer maßgeblich an Bedeutung. Diese Treiber der Weltwirtschaft warten immer noch mit Wachstumsraten auf, von denen die alten Industrieländer nur noch träumen können. Der Aufschwung verleiht diesen Ländern Selbstbewusstsein. Sie treten aus dem Schatten ihrer bisherigen Vorbilder heraus, vertreten eine eigenständige Politik, sind bereit Verantwortung in der Welt zu übernehmen und streben mit Recht nach mehr internationaler Mitsprache.

Die globale multipolare Welt wird nicht zulassen, dass unsere Erde auch in Zukunft im Wesentlichen nur von fünf Ländern „regiert" wird. Die Länder Afrikas, Mittel- und Südamerikas, aber vor allem auch Asiens werden dies auf Dauer nicht dulden. Asien versteht sich bereits heute als eine diplomatische Region, als eine Normengemeinschaft über demokratische und nicht demokratische Staaten hinweg, die sich weitestgehend selbst regiert und Belehrungen von außen verbittet.[56] Dabei entfällt auf China gerade mal ein Drittel der asiatischen Bevölkerung.

Der von den Schwellen- und Entwicklungsländern ausgehende internationale Druck verfehlt schon heute seine Wirkung nicht. So ist es nicht von ungefähr, dass auf der Frühjahrstagung der Weltbank im April 2010 in Washington eine neue Verteilung der Stimmrechte beschlossen und damit der Einfluss dieser Länder gestärkt wurde. Die Erwartungen, dass der Internationale Währungsfonds auf seiner Herbsttagung im Oktober 2010 in Washington diesbezüglich entsprechend nachzieht, wurden nicht enttäuscht. Auch hier wurden die Stimmrechte zugunsten der Schwellen- und Entwicklungsländer umverteilt und so ihr Einfluss auf den Fonds gestärkt.

Im Mai 2013 wurde der Brasilianer Roberto Azevedo gegen den ausdrücklichen Wunsch der USA und der EU zum Generaldirektor der Welthandelsorganisation (WTO) gewählt.

2014 gründeten die BRICS-Staaten eine eigene Entwicklungsbank als Alternative zur Weltbank, die New Development Bank (NDB). Der Hauptsitz der Bank ist in Schanghai. Eine Zweigstelle befindet sich in Südafrika. Bei der NDB besitzt im Gegensatz zur Weltbank jeder Mitgliedsstaat eine einzige Stimme.[57]

Selbst die Wahl eines argentinischen Kardinals zum Papst am 13.03.2013 ist ein lebendiger Ausdruck für die tiefgreifenden politischen, wirtschaftlichen und kulturellen Veränderungen unserer Zeit. Ein Argentinier als Papst wäre in der Vergangenheit wahrlich nur schwer vorstellbar gewesen.

Gleichfalls bemerkenswert war auch das Prozedere zur Wahl des Chefs der Weltbank in März 2012. Hier gab es mit der nigerianischen Finanzministerin Nogozi Okonjo-Iweala und dem früheren kolumbianischen Finanzminister Jose Antonio Ocampo erstmals ernstzunehmende, fachlich außerordentlich kompetente Gegenkandidaten zum vom damaligen US-Präsidenten Barack Obama vorgeschlagenen Amerikaner und Mediziner Jim Yong Kim.

Auch wenn die Amerikaner sich am Ende wieder durchsetzen konnten, fällt es doch dem Westen immer schwerer, die aus der Vergangenheit bestehenden Vorrechte gegenüber der Weltöffentlichkeit zu behaupten.

Die grundlegenden wirtschaftlichen und kulturellen Veränderungen unserer Zeit erfassen weltweit alle Bereiche des gesellschaftlichen Lebens und es ist ganz zwangsläufig, dass sich auch die Vereinten Nationen diesen grundlegenden Veränderungen stellen müssen.

Im Kern geht es um eine völlig neue Qualität der Führung. Die Vereinten Nationen müssen künftig in der Lage sein, ausgehend von den gesteckten Zielen, die internationale Staatengemeinschaft nach verbindlichen Grundsätzen, Regeln und Normen, die für alle Staaten gleichberechtigt gelten, zielstrebig zu führen.

Dieser komplexe reorganisatorische Ansatz ist notwendig, um die Vereinten Nationen für die Aufgaben der Zukunft zu rüsten. Er ist notwendig, um das internationale Ansehen dieser Organisation zu erhalten und sie in Hinblick auf die Zukunft nicht zur Bedeutungslosigkeit verkommen zu lassen. Letzt genannter Zustand ist selbst für die Vetomächte nicht erstrebenswert und er wäre mit Sicherheit auch das Ende der Vereinten Nationen.

Die Welt braucht die Vereinten Nationen. Einzelne Großmächte können die Welt in ihrer Vielfalt und Komplexität nicht im Interesse der Weltgemeinschaft führen. Das gelingt eingeengt nicht einmal für den Wirtschafts- und Finanzsektor.

Dies sollten auch die G7- und G20-Teilnehmer beherzigen. Derartige informelle Foren, deren Beschlüsse nicht einmal einen rechtlich bindenden Charakter haben, reichen für eine zielorientierte Führung und Veränderung unserer Welt nicht aus. Diese nicht legitimierten Machtzentren der führenden Wirtschaftsmächte glauben, die Probleme unserer Zeit vorrangig im eigenen Interesse lösen zu können und verschärfen damit nur noch die Krisen und Konflikte. Statt der Zusammenführung droht die Spaltung der multipolaren Ordnung in mehrere Wirtschaftsblöcke mit einer ganz eigenen politischen Orientierung. Ein perfekter Nährboden für künftige geopolitische und wirtschaftliche Rivalitäten. Solche Parallelorganisationen untergraben den Status der Vereinten Nationen nur noch weiter.

Zu den Vereinten Nationen gibt es gegenwärtig keine brauchbare Alternative. Es ist deshalb auch zutiefst heroisch, wenn von fortschrittlichen Menschen und Organisationen in den Industrie-, Schwellen- und Entwicklungsländern, von den Zivilgesellschaften aber auch von den Mitarbeitern der Vereinten Nationen selbst alles unternommen wird, um diese Organisation zu stärken. Dieses Stärken schließt den Druck in Bezug auf eine umfassende Reorganisation der Vereinten Nationen ein. Selbst eine vollständige Blockade der Generalversammlung durch die nicht privilegierten Staaten (und diese sind im Prinzip außer den fünf Vetomächten alle) ist denkbar. Auch ein solch letztes Mittel wäre im Sinne des Fortschritts legitim.

Das internationale Aufbegehren muss so umfassend und nachhaltig sein, dass selbst die Vetomächte letztlich an einer Reorganisation dieser Organisation interessiert sind. Es ist doch ein absoluter Irrtum zu glauben, dass diese Staaten aufgrund ihrer Stärke die Vereinten Nationen nicht brauchen. Gerade im Zuge der sich neu formierenden Weltordnung benötigen sie diese Organisation für den eigenen Schutz und das internationale Agieren genauso wie alle anderen Staaten auch. Diese Mächte können deshalb überhaupt kein Interesse am Ruin der Vereinten Nationen oder gar an einer Auflösung dieser Organisation haben. Auch die ewigen Drohungen im Zusammenhang mit den Beitragzahlungen sind im Grunde nichts anderes als verzweifeltes Imponiergehabe. Fallen Beitragzahler aus, so werden andere wirtschaftlich erstarkende Länder diese Lücke schließen.

Mit Bedacht wurde oben bereits darauf verwiesen, dass es hinsichtlich einer Reorganisation der Vereinten Nationen nicht nur des Drucks von außen bedarf, sondern dass hier in besonderem Maße auch die aktive Mitwirkung der Mitarbeiter dieser Organisation selbst gefragt ist. Es gilt, über eine gezielte Öffentlichkeitsarbeit die Weltgemeinschaft viel stärker als bisher für die internationalen Geschehnisse und Konflikte zu sensibilisieren und der breiten Masse gezielt Einblicke in die Probleme, Interessenlagen und Machtverhältnisse dieser Organisation zu geben. Ursachen und Wirkungen internationaler Probleme und Konflikte sind aus neutraler Sicht detailliert aufzuzeigen, Lösungen für die Beseitigung der Ursachen zu erarbeiten und beides in einem solchen Maße über die verschiedenen Medien zu publizieren, dass die Weltöffentlichkeit aufmerksam wird, die Probleme diskutiert, Zusammenhänge versteht, selbst neue oder ergänzende Vorschläge einbringt und vor allem auch die Umsetzung dieser Lösungen einfordert.

Die Weltöffentlichkeit muss erkennen, woran es liegt, dass die praktische Umsetzung geeigneter Lösungen zur Veränderung unserer Welt scheitern, wer Prozesse verzögert, blockiert oder bewusst aushebelt. Über eigene Radio- und Fernsehsender oder die sozialen Medien z. B. könnten die jeweils zuständigen Mitarbeiter der Vereinten Nationen der Öffentlichkeit die aktuellen Themen und Probleme kommentieren.

Natürlich erfordert ein solches Vorgehen von den Mitarbeitern eine gehörige Portion Courage. Aber diese Courage ist notwendig. Der Zeitgeist für Veränderungen ist doch vorhanden. Es gilt ihn mutig aufzugreifen und die Vereinten Nationen zu einer modernen, einflussreichen und vor allem auch gestaltenden Organisation im Rahmen der globalen multipolaren Welt zu entwickeln; wo alle Staaten dieser Erde gleichberechtigt ihren Platz finden.

Druck von innen und von außen wird bei den Vetomächten zunächst unweigerlich zu Verstimmungen führen. Die Kunst besteht darin, diese schlicht auszuhalten. Dabei muss die Reorganisation der Vereinten Nationen nicht automatisch mit einer Brüskierung oder einem Gesichtsverlust einzelner Vetomächte verbunden sein. Diese Staaten spüren doch längst selbst, dass sich in dieser rasant verändernden Welt der Nachkriegsstatus nicht ewig aufrechterhalten lässt und eine Reorganisation der Vereinten Nationen mehr als überfällig ist. Schon aus diesem indirekten Zwang heraus ist auch ein gewisses Eigeninteresse an Veränderungen bei den ständigen Mitgliedern des Sicherheitsrates vorhanden. Dieses Eigeninteresse gilt es mit der erforderlichen Diplomatie aufzugreifen und in konstruktive Bahnen zu lenken. Diese Staaten könnten so auch gegenüber der Öffentlichkeit in die Rolle des Initiators und Gestalters der Reorganisation gebracht werden.

3.3 Die Vereinten Nationen als führende politische Instanz

Im Weiteren wird davon ausgegangen, dass den Vereinten Nationen in absehbarer Zeit ein mutiger Schritt in Richtung Zukunft gelingt und ein Vorschlag zur komplexen Reorganisation dieser Organisation unterbreitet.

Sollten die Vereinten Nationen dazu tatsächlich nicht fähig sein, muss künftig zwangsläufig eine andere, noch zu gründende international autorisierte Institution die Führung der Weltpolitik und der Weltwirtschaft übernehmen. Die nachfolgenden Ausführungen sind deshalb so gehalten, dass eine Übernahme der Inhalte bei einer Neugründung ohne Weiteres möglich ist.

Einschränkend muss an dieser Stelle bereits gesagt werden, dass die weiteren Ausführungen sich auf das Wesentliche konzentrieren müssen. Alles andere würde den verfügbaren Rahmen sprengen. Herausgestellt werden deshalb vor allen Aufgaben, Macht, Status, Funktion und Aufbau der reorganisierten bzw. neu zu gründenden Organisation.

Gleichfalls soll das Vorgeschlagene zum öffentlichen Diskurs auffordern, was rückkoppelnd wiederum zu einer allseitigen Vervollkommnung der Lösungen beitragen wird.

3.3.1 Aufgaben, Macht, Mitgliedschaft und Finanzierung

Die Vereinten Nationen haben dafür Sorge zu tragen, dass die Menschen, Völker und Staaten in einer sich entwickelnden globalen multipolaren Welt in Frieden und gleichberechtigt zusammenleben können, der Weltfrieden und die internationale Sicherheit gewahrt bleiben, die Menschen, Völker und Staaten in gegenseitiger Achtung, zum gegenseitigen Vorteil und zum allgemeinen gesellschaftlichen Wohle wirtschaften, sich die Lebensbedingungen der Menschen auf allen Erdteilen zielstrebig verbessern, die Menschenrechte weltweit Achtung finden, die Schöpfung gewahrt bleibt und mit den natürlichen Ressourcen unserer Erde in höchst verantwortungsvoller Weise umgegangen wird.

Diese Forderungen decken sich im Wesentlichen mit den Zielen, die die Vereinigten Nationen bereits bei ihrer Gründung formuliert haben. Das kann auch gar nicht anders sein, denn die 1945 in die Charta aufgenommenen Ziele sind die edelsten der menschlichen Zivilisation überhaupt und diese behalten natürlich auch unter den gegenwärtigen weltpolitischen Veränderungen ihre Gültigkeit.

Reformbedürftig sind deshalb auch nicht die generellen Zielstellungen der Vereinten Nationen; hier bedarf es in der Charta bestenfalls Untersetzungen, Konkretisierungen oder Ergänzungen, z. B. in Hinblick auf die internationale Wirtschaftsführung im Zusammenhang mit einer weltweit „Regulierten internationalen Marktwirtschaft".

Der Kern der Reform muss darin bestehen, die eklatante Diskrepanz zwischen den Zielen und Aufgaben der Vereinten Nationen einerseits und den realen Möglichkeiten, der tatsächlichen Macht dieser Organisation, andererseits zu beseitigen.

Unter dem Aspekt der Gleichheit aller Mitglieder ist diese Organisation in eine Position zu bringen, von der aus sie die erforderlichen Beschlüsse und Entscheidungen selbstständig, also unabhängig von Einfluss und Druck einzelner mächtiger Staaten, treffen und dann auch weltweit durchsetzen kann. Dafür benötigt sie die erforderliche Macht, fachlich kompetentes Personal sowie die notwendigen finanziellen Mittel.

Die Macht der Vereinten Nationen muss künftig über der der einzelnen Nationalstaaten stehen oder umgekehrt, die Macht der Nationalstaaten ist der der Vereinten Nationen untergeordnet. Dieser unumstößliche Grundsatz steht im Zentrum aller reorganisatorischen Arbeit und lässt die Vereinten Nationen zur bedeutendsten und mächtigsten Institution der internationalen Gemeinschaft, zur Schaltzentrale der Weltpolitik und Weltwirtschaft, avancieren. Von hier kommen künftig die entscheidenden Impulse für die allseitige Entwicklung unserer globalen multipolaren Welt. Dabei geht es nicht um Details, sondern um grundlegende Entwicklungsrichtungen, Entscheidungen, Dokumente und Richtlinien, die in enger Zusammenarbeit mit der internationalen Gemeinschaft kompetent erarbeitet werden und dann in den einzelnen Staaten eine gezielte nationale Untersetzung erfahren. Die Wirtschaft folgt dabei dem Primat der Politik. Aus dem Primat der Politik heraus werden für die Weltwirtschaft Strategie und Regelwerk erarbeitet, auf deren Basis dann im Rahmen der „Regulierten internationalen Marktwirtschaft" ein zielstrebiges internationales marktwirtschaftliches Wirtschaften erfolgt.

Der künftige Status der Vereinten Nationen rückt diese Organisation durchaus in die Nähe einer Weltregierung. Einer Weltregierung, die im Inneren verstärkt auf demokratische Grundsätze abstellt, das Prädikat: „Demokratisch gewählt" aber noch nicht erreicht. Eine solche Tagesordnung wäre auch verfrüht und würde die Weltgemeinschaft zum gegenwärtigen Zeitpunkt überfordern.

Notwendig sind hier gezielte Zwischenschritte, wenn solche Prozesse im Weltmaßstab friedlich und geordnet verlaufen sollen. Zwischenschritte, die die Interessen und das Handeln der Völker zusammenführen und die Weltgemeinschaft letztlich von der Notwendigkeit und den Vorteilen einer nationenübergreifenden Regierung überzeugen. Diese Zwischenschritte müssen von Zielstrebigkeit, gleichzeitig aber auch von einem zutiefst diplomatischen Geschick und von einem Höchstmaß an überzeugender Praktikabilität geprägt sein.

Allein schon aus diesem Blickwinkel wäre es geradezu töricht nicht auf den Entwicklungsstand und den Erfahrungsschatz der Vereinten Nationen aufzubauen. Es lohnt sich hier wirklich jeder Versuch, auch wenn die gegenwärtigen Strukturen dieser Organisation in Bezug auf Reformen alles andere als einladend sind.

Mitglied der Vereinten Nationen kann jeder Staat der Erde werden, der die entsprechend den Ergebnissen der Reorganisation überarbeitete Charta anerkennt und bereit ist, sein innen- und außenpolitisches Handeln nach diesem Dokument auszurichten.

Die Vereinten Nationen können bei schwerwiegenden Vorfällen, auch große Volksgruppen völkerrechtlich vertreten, die aktuell durch keinen eigenen Staat repräsentiert werden. Diese Völker leben vielfach über mehrere Staaten verteilt und bilden im jeweiligen Land eine Minderheit. Diese Minderheiten sind leider nicht selten Diskriminierungen, Verfolgungen, Ausgrenzungen, Unterdrückung u. Ä. ausgesetzt. Eine völkerrechtliche Vertretung durch die Vereinten Nationen soll deshalb vor allem dem Schutz dieser Minderheiten dienen. Der Holocaust wäre wahrscheinlich nicht möglich gewesen, wenn das jüdische Volk während der Nazizeit eine eigene völkerrechtliche Vertretung gehabt hätte.

Erachtet eine Volksgruppe eine völkerrechtliche Vertretung durch die Vereinten Nationen als notwendig, so hat diese ein entsprechendes Begehren direkt an den Präsidenten der Vereinten Nationen zu richten.

In Bewusstsein und Erfahrung, dass jede Diktatur, gleich ob von rechts oder links, mit religiösen oder ethnischen Hintergrund oder vom Militär geprägt, für Freiheit und Gerechtigkeit, Menschenrechte und

Menschenwürde eine Katastrophe ist, orientieren die Vereinten Nationen in ihrem politischen Handeln auf die weltweite Durchsetzung demokratischer Staatsformen. Trotz dieser grundsätzlichen Orientierung bleibt aber die Staatsform eines Landes für die Mitgliedschaft in den Vereinten Nationen zunächst zweitrangig. Eine Regierung repräsentiert die vorherrschenden Machtverhältnisse im jeweiligen Land. Diese Machtverhältnisse können nicht ignoriert werden, wenn man das Land nicht von vornherein brüskieren und ausgrenzen will.

Die Nationalstaaten sind für die Vereinten Nationen zum gegenwärtigen Zeitpunkt die einzig praktikable Basis. Diese Staaten sind real existent und verfügen in der Regel über eine handlungsfähige Regierung, die den jeweiligen Staat nach innen und außen vertritt. An dieser Tatsache kann man nicht vorbei, wenn man die Welt friedlich und zum Guten verändern will.

Es ist deshalb notwendig, über demokratische und nicht demokratische Staaten hinweg eine Ziel- und Willensgemeinschaft zu formieren, die fähig ist, zukunftsorientierte Beschlüsse für die Weltgemeinschaft zu fassen und willens ist, diese unter Einhaltung vorgegebener Richtlinien und Normen in die Praxis umzusetzen.

Auch gilt es zu begreifen, dass Demokratie nicht exportiert oder per Dekret verordnet werden kann. Demokratie lebt vom Engagement aller gesellschaftlichen Kräfte. Sie muss aus dem Inneren der Gesellschaft erwachsen, in das Bewusstsein der Menschen eingehen und aus diesem Bewusstsein heraus aktiv gelebt werden. Sinnvoll ist es deshalb, den Völkern und Nationen Anleitungen zum Handeln zu geben, gewünschte Entwicklungen bewusst anzustoßen und bewusst zu fördern. Umfassende Kenntnisse über und ein ausreichendes Verständnis für die jeweilige Kultur sind dabei von absoluter Notwendigkeit. Westliche Demokratien z. B. werden dabei für die arabischen, asiatischen oder afrikanischen Völker schon aufgrund ihrer anderen Historie und den daraus erwachsenden Gesellschaftsstrukturen nur bedingt als Vorbild dienen können. Außerdem ist ihr gegenwärtiger Zustand für die Weltgemeinschaft leider auch alles andere als vorbildhaft.

Mit dem Antrag auf Aufnahme in die Vereinten Nationen signalisiert das jeweilige Land gleichzeitig auch die Anerkennung der Charta. Auf diesem Bekenntnis ist aufzubauen und in der Fortführung mit allen Staaten, die „guten Willens" sind, konstruktiv und solidarisch zusammenzuarbeiten.

Im besonderen Maße gilt es, die globalen Verflechtungen der Wirtschaft zu fördern, sodass das gemeinsame Wirtschaften der Menschen, der Austausch von Waren, Dienstleistungen und wissenschaftlichen Erkenntnissen über die nationalstaatlichen Grenzen hinweg zur Selbstverständlichkeit werden. Dies führt Menschen, Regionen und Kulturen zusammen, schafft gemeinsamen Wohlstand und drängt die Macht der Nationalstaaten zielstrebig zurück.

Die geballte Macht der Weltgemeinschaft und der damit verbundene politische und wirtschaftliche Einfluss werden einzelne Regierungen dazu bewegen, ihr innen- und außenpolitisches Handeln nachhaltig in die Ziel- und Aufgabenstellungen der Vereinten Nationen einzuordnen.

Die Finanzierung der Vereinten Nationen erfolgt wie bisher in erster Linie über Pflichtbeiträge der Mitgliedsstaaten. Die Höhe der Pflichtbeiträge wird für jedes Land auf der Basis seiner wirtschaftlichen und finanziellen Leistungskraft ermittelt und in der Vollversammlung mit einfacher Mehrheit beschlossen. Das Festlegen eines Mindestbeitrages bzw. einer Beitragshöchstgrenze ist legitim. Ratenzahlungen sind ebenfalls möglich.

Bei nicht termingerechter Zahlung der Pflichtbeiträge drohen dem jeweiligen Land Verspätungszinsen sowie der Entzug des Stimmrechtes.

Kurzfristig notwendig werdende Sondermaßnahmen und Sonderprogramme, hervorgerufen z. B. durch Naturkatastrophen, den Einsatz der Friedenstruppen oder anderer unvorhersehbarer Ereignisse, die den laufenden Haushalt überfordern und nicht durch freiwillige Beiträge und Spenden finanziert werden können, sind über Sonderpflichtbeiträge abzusichern.

Die Vereinten Nationen besitzen künftig auch die Hoheit, in einem bestimmten Maße zielgerichtet weltweit Abgaben zu erheben. Diese ergänzen den Haushalt, sollen aber vorrangig die Durchsetzung der gestellten Ziele und Aufgaben stimulieren. Vorstellbar sind z. B. Abgaben im Zusammenhang mit den weltweiten Finanztransaktionen, dem Erhalt der Umwelt, dem Schutz der natürlichen Ressourcen u. Ä.

3.3.2 Hauptorgane und höchste Repräsentanten

Das höchste Organ der Vereinten Nationen ist die **Vollversammlung der Mitgliedsstaaten.**

An der Vollversammlung nehmen die Staats- und Regierungschefs der Mitgliedsstaaten teil; bei Verhinderung deren Stellvertreter.

Die Tagungen der Vollversammlung sind grundsätzlich öffentlich.

Die Vollversammlung der Vereinten Nationen besitzt gesetzgebende Gewalt. Die hier beschlossenen Gesetze sind in ihrem Geltungsbereich dem nationalen Recht der Mitgliedsstaaten stets vorrangig.

Die Vollversammlung beschließt weiterhin die Beiträge der Mitgliedsstaaten und den Haushalt der Organisation.

In der Vollversammlung werden auf der Grundlage der Charta die nächsten Ziele und Aufgaben der Organisation festgelegt sowie die notwendigen Entscheidungen hinsichtlich ihrer Realisierung getroffen. Die Beschlüsse der Vollversammlung sind für alle Mitgliedsstaaten der Vereinten Nationen verbindlich. Bei Nichterfüllung drohen den jeweiligen Staaten angemessene Sanktionen.

Die Vollversammlung wird mindestens einmal jährlich einberufen. Der bisherige September-Termin hat sich bewährt und sollte deshalb beibehalten werden. Bei schwerwiegenden außerplanmäßigen Ereignissen, sind abweichend vom Jahrestermin Sondersitzungen möglich.

Über den Präsidenten der Vereinten Nationen kann jeder Mitgliedsstaat sowie der Generalsekretär und der Präsident der Bank der Vereinten Nationen Anträge, Beschluss- und Gesetzesvorlagen in die Vollversammlung einbringen. Diese gelten durch die Vollversammlung als angenommen, wenn über 50 Prozent der anwesenden Stimmberechtigten für sie stimmen.

Einen Antrag zur Änderung der Charta oder zum Einsatz der Friedenstruppen kann jeder Mitgliedsstaat sowie der Generalsekretär der Vereinten Nationen stellen.

Ergänzungen und Änderungen der Satzung gelten als angenommen, wenn über 80 Prozent der in der Vollversammlung anwesenden Stimmberechtigten für sie stimmen.

Eine Resolution, die den Einsatz von Friedenstruppen der Vereinten Nationen zur Sicherung oder Schaffung des Friedens in Krisenregionen beinhaltet, gilt als angenommen, wenn mindestens 75 Prozent der in der Vollversammlung anwesenden Stimmberechtigten für diese Resolution stimmen.

Abstimmungen zur Satzung und Truppenentsendung erfolgen grundsätzlich geheim. Damit sollen die Möglichkeiten einflussreicher Staaten, ihre Interessen anderen aufzuzwingen bzw. andere zu disziplinieren oder das Stimmverhalten zu erkaufen, maßgeblich eingeschränkt werden. Den einzelnen Mitgliedsstaaten bleibt so die notwendige Souveränität bei der Entscheidungsfindung erhalten.

Sowohl in der Vollversammlung als auch in allen nachgeordneten Organen der Vereinten Nationen gilt der Grundsatz: Jeder Mitgliedsstaat hat eine gleichberechtigte Stimme!

Eine Gewichtung der Stimmen sowie ein absolutes Vetorecht für einzelne Mitgliedsstaaten oder Organe der Organisation gibt es nicht.

Dieser Grundsatz wird zunächst ganz erhebliches Unverständnis auslösen und sofort zu dem an dieser Stelle immer zitierten Vergleich zwischen dem Inselstaat Tuvalu im südwestlichen Pazifik und solchen Staaten wie China oder Indien führen. Natürlich erscheint es als ein grobes Missverhältnis, wenn die Stimme eines Landes, welches gerade mal 26 km² groß ist und 11792 Einwohner hat[58,] mit denen von China mit 9,6 Millionen km² und über 1,4 Milliarden Einwohnern[59] und Indien mit 3,29 Millionen km² und 1,4 Milliarde Einwohner[60] in eine Waagschale geworfen wird.

Aber nicht nur Größe und Einwohnerzahlen könnten signifikante Größen für die Stimmrechte eines Landes sein, sondern auch die Höhe der Pflichtbeiträge zu den Vereinten Nationen, die wirtschaftliche und finanzielle Leistungskraft eines Landes, die militärische Stärke, der durchschnittliche Bildungsgrad, Erfahrungen mit der Demokratie, Verwirklichung der Menschenrechte, vorhandene soziale Standards u. Ä.

All diese Argumente mögen ihre Berechtigung haben und hinsichtlich der Unterschiedlichkeiten zwischen den einzelnen Staaten gibt es auch gar nichts zu verwischen.

Die Kernfrage aber ist, ob diese nationalen Unterschiede die Stimmrechte bei den Vereinten Nationen beeinflussen dürfen.

Diese Frage ist mit einem eindeutigen Nein zu beantworten. Im Rahmen der Vereinten Nationen geht es doch nicht darum, die Interessen eines Landes auf die anderer zu übertragen, nur weil ersteres größer, reicher und stärker ist oder über eine hohe Bevölkerungszahl verfügt. Die Menschen in Tuvalu möchten nicht so leben wie die Chinesen, Inder, Russen oder Iraner. Gleiches gilt umgekehrt und auch in Bezug auf jedes andere Land.

Es geht um die Ziele der Vereinten Nationen und diese Ziele sind in einer globalen multipolaren Welt nur erreichbar, wenn die einzelnen Nationalstaaten, gleich welcher Größe und Stärke, ihre eigenen Interessen denen der Weltgemeinschaft unterordnen. Das heißt, in der Vollversammlung und bei den Abstimmungen vertreten alle Anwesenden in erster Linie die Interessen der Vereinten Nationen, also der Weltgemeinschaft und nicht die ihres eigenen Landes.

Natürlich erfordert das ein grundsätzlich neues Denken, aber in diesem Handlungsmaxime, welches übrigens auch für eine Weltparlament charakteristisch sein muss, denn kein Weltparlament hat Sinn, wenn sich seine Parlamentarier nur den Interessen ihres Landes oder ihrer Partei verpflichtet fühlen und nicht den Interessen der Weltbevölkerung als Ganzes, verbirgt sich der generelle künftige Erfolg der Vereinten Nationen. Über diese Maxime relativieren sich auch die mit der Forderung „Ein Land eine gleichberechtigte Stimme" verbundenen scheinbaren Ungerechtigkeiten ganz erheblich, denn es gibt tatsächlich keinen Grund zu unterstellen, dass z. B. größere, reichere oder militärisch stärkere Länder die Ziele und Aufgaben der Vereinten Nationen besser verinnerlichen als kleinere, ärmere oder militärisch schwächere.

Wenn die Akteure, hier die Mitgliedsstaaten der Vereinten Nationen, nicht gleichberechtigt sind, werden auch die Beschlüsse dieser Organisation den Stempel des Stärkeren tragen und nicht unbedingt den vom Besseren.

Natürlich stärkt der Grundsatz der Stimmengleichheit in gewisser Weise den politischen Einfluss der kleineren Nationalstaaten. Sie werden bei vielen Entscheidungen das berühmte Zünglein an der Waage sein. Dies ist aber zunächst nicht problematisch; nicht einmal das Werben um ihre Gunst. Problematisch wäre allerdings eine Tendenz zum Zerfall von Staaten, um die Stimmengleichheit im Rahmen der Vereinten Nationen auszunutzen. Ein solcher Weg in die „Kleinstaaterei" ist aber absolut nicht zu erwarten, da die Globalisierung derartigen Bestrebungen massiv entgegenwirkt.

Die Vielzahl der Mitgliedsstaaten, ihre unterschiedlichen Interessen und der gleichberechtigte Einfluss garantieren gleichfalls einen funktionierenden Kontrollmechanismus im Rahmen der Vereinten Nationen und eine ausgezeichnete Transparenz dieser Organisation. Kein Mitgliedsstaat wird Unterdrückungen, Benachteiligungen, ungerechtfertigte Maßnahmen, korruptes Verhalten, ineffizientes Arbeiten, die Verschwendung von Beitragsgeldern u. Ä. tatenlos hinnehmen, sondern solche Unzulänglichkeiten unerschrocken vor der Vollversammlung und den anderen Gremien der Vereinten Nationen ansprechen. An dieser Stelle wird sich die Vollversammlung der Vereinten Nationen den Funktionen eines Weltparlamentes sehr weit annähern.

Die erfolgreiche Zusammenarbeit der Staaten unserer Erde im Rahmen der Vereinten Nationen erfordert Einsicht und Handeln zugunsten der Allgemeinheit. Solche Gedanken sind bei dem vorherrschenden nationalen Egoismus unserer Zeit zunächst zweifellos schwer vorstellbar. Der Realismus aber besteht darin, dass in einer globalen multipolaren Welt alle Länder unserer Erde, ob groß oder klein, reich oder arm, stark oder schwach, die Vereinten Nationen als wirksame regulierende weltpolitische Institution brauchen. Sie brauchen diese Institution nicht nur für die eigene weitere erfolgreiche Entwicklung, sondern vor allem auch zur Sicherung des eigenen Überlebens überhaupt. In einer globalen multipolaren Welt besiegeln nationale Alleingänge auf Dauer den sicheren Untergang. Es gibt somit einen extremen objektiven Zwang zum gemeinsamen, solidarischen Handeln der Länder und dieser Zwang schröpft die Spielräume des nationalen Egoismus nachhaltig. An diesem objektiven Zwang wird sich der nationale Egoismus ohne jeden Zweifel über die Zeit zerreiben.

Der höchste Repräsentant der Vereinten Nationen ist der **Präsident.** Er besitzt keine politische Entscheidungsmacht, kann sich aber vorrangig über die Kraft des Wortes in aktuelle Geschehnisse beratend, vermittelnd oder kontrollierend einmischen. Er ist in seiner Funktion der zentrale Ansprechpartner für die gesamte Weltöffentlichkeit.

Der Präsident beruft die Vollversammlungen sowie die Sondersitzungen der Vereinten Nationen ein, legt mit den entsprechenden Gremien die Tagesordnungen fest und leitet die Sitzungen.

Der Präsident setzt mit seiner Unterschrift die Beschlüsse der Vollversammlung sowie die von der Vollversammlung angenommenen Gesetze in Kraft. Vorab hat er die Pflicht zu prüfen, ob der jeweilige Beschluss oder das jeweilige Gesetz mit Geist und Willen der Charta übereinstimmt. Liegen Bedenken vor, so hat eine Prüfung der Vorlagen durch den Ältestenrat zu erfolgen. Werden die Bedenken vom Ältestenrat abgewiesen, darf der Präsident die Unterzeichnung der Vorlagen nicht verweigern.

Bezüglich des Einsatzes der Friedenstruppen der Vereinten Nationen gegen ein Land besitzt der Präsident ein Einspruchsrecht. Sollte die Vollversammlung einen Beschluss zum Einsatz der Friedenstruppen fassen, den der Präsident nicht teilt, so kann er der Vollversammlung seine Einwände und Bedenken schriftlich oder mündlich zur Kenntnis geben und eine erneute Abstimmung über den Einsatz der Friedenstruppen verlangen. Stimmt die Vollversammlung wiederum mit der notwendigen Mehrheit für den Einsatz, so gilt der Wille des höchsten Organs der Vereinten Nationen. Der Präsident hat jetzt noch die Möglichkeit, den Ältestenrat zur Prüfung anzurufen.

Jeder Mitgliedsstaat der Vereinten Nationen ist berechtigt, einen Kandidaten, der das fünfzigste Lebensjahr vollendet hat, für das Präsidentenamt vorzuschlagen. Die vorgeschlagene Person muss dabei nicht aus dem eigenen Land kommen.

Der Präsident wird von der Vollversammlung in geheimer Wahl mit einfacher Mehrheit gewählt. Erhält im ersten Wahlgang kein Kandidat die erforderliche Mehrheit, so entscheidet eine Stichwahl zwischen den beiden Kandidaten mit der höchsten Stimmenzahl. Gewählt ist dann, wer die meisten Stimmen auf sich vereint.

Der Präsident wird für fünf Jahre gewählt. Eine Wiederwahl ist unbegrenzt möglich.

Der Ältestenrat ist ein unabhängiges Organ der Vereinten Nationen zum Schutz der Charta. Er wacht darüber, dass Geist und Willen der Charta sowie die in ihr enthaltenen Rechte und Pflichten eingehalten werden.

Der Ältestenrat kann angerufen werden:

○ vom Präsidenten der Vereinten Nationen,
○ von den Mitgliedsstaaten der Vereinten Nationen und
○ von Personen und Nationen zur Beschwerdeführung gegen ein Urteil der Internationalen Gerichte der Vereinten Nationen.

Den Ältestenrat anrufen kann nur diejenige Person oder Nation, die es betrifft. Beschwerdegegenstand ist die behauptete Verletzung der Charta.

Der Ältestenrat kann bei Notwendigkeit auch selbst aktiv werden, indem er den Präsidenten der Vereinten Nationen auf konkrete Tatsachen und Fakten, die Geist und Willen der Charta verletzen, hinweist.

Stellt der Ältestenrat fest, dass Beschlüsse, Gesetze oder Urteile Geist und Willen der Charta verletzen, hebt er diese auf bzw. erklärt sie mit der Charta für unvereinbar und gibt sie an das zuständige Organ, z. B. zur Überarbeitung, zurück.

Die Kandidaten für den Ältestenrat werden zu einem Drittel vom Präsidenten der Vereinten Nationen und zu zwei Dritteln von den Mitgliedsstaaten der Vollversammlung der Vereinten Nationen vorgeschlagen. Die Mitglieder des Ältestenrates werden dann von der Vollversammlung in geheimer Wahl mit einfacher Mehrheit für sieben Jahre gewählt. Eine Wiederwahl ist nicht möglich.

Die Mitglieder des Ältestenrates wählen in geheimer Wahl aus ihrer Mitte mit einfacher Mehrheit den Vorsitzenden für jeweils zwei Jahre. Nach der Wahl erfolgt die Ernennung durch den Präsidenten der Vereinten Nationen.

Der Ältestenrat sollte in seiner Zusammensetzung die nationale Vielfalt und die kontinentalen Strukturen auf unserer Erde widerspiegeln. Die Mitglieder selbst müssen neben der charakterlichen und moralischen Eignung einen ausgezeichneten Bildungsnachweis vorlegen können sowie über eine erfolgreiche Berufspraxis verfügen.

Die Mitgliedschaft im Ältestenrat ist eine höchst ehrenhafte hauptberufliche Tätigkeit, die andere nebenberufliche Tätigkeiten und Bezüge ausschließt.

Auch wenn sich die Tätigkeit des Ältestenrates zunächst sehr stark an die eines Verfassungsgerichtes der westlichen Demokratien annähert, ist es doch von fundamentaler Bedeutung, dass dieser Rat nicht nur von der Zunft der Richter und Anwälte besetzt wird. Die Charta der Vereinten Nationen ist kein Papier nur für die juristische Elite, sondern ein gemeinsames, aufrichtiges Bekenntnis der Völker und Nationen unserer Erde. Unter diesem Aspekt muss dieses Dokument auch gefasst werden. Die Charta ist ein Dokument für die

Menschen; und die Menschen werden nur dann nach diesem Bekenntnis leben, wenn sie es verstehen können und sich im Innersten mit ihm identifizieren.

Geist und Willen der Charta gehen also weit über die reine Schlichtheit von Paragrafen und Gesetzesabsätze hinaus. Dies erfordert von den Mitgliedern des Ältestenrates ein hohes Maß an Weitblick, Vernunft, Lauterkeit und Diplomatie sowie vorzügliche Kenntnisse auf kulturellem und geschichtlichem Gebiet. Nur dann wird der Rat auch die Komplexität der einzelnen Situationen richtig einschätzen und werten können. Allein schon diese Anforderungen öffnen ohne jeden Zweifel den Rahmen für mehrere geeignete Berufsgruppen.

Mit Bedacht wurde auch der Name „Ältestenrat" für dieses Organ gewählt. Diesen Begriff können die Völker vielfach allein schon aus ihrer Historie heraus einordnen und die meisten Nationen und Kulturen unserer Erde verbinden ihn von jeher mit: Anerkennung, Achtung, Würde, Lauterkeit, Respekt, Vertrauen; vor allem aber mit Gerechtigkeit. All dies sind Eigenschaften, die auch den Ältestenrat der Vereinten Nationen charakterisieren sollten.

Der **Generalsekretär** ist verantwortlich für das Funktionieren der Vereinten Nationen als Ganzes. Er führt die Geschäfte dieser Organisation auf der Basis der Charta und im Auftrag der Vollversammlung. Unter seiner Verantwortung werden die entsprechenden Ziele, Vorlagen, Weisungen, Dokumente und Resolutionen erarbeitet und bei Erforderlichkeit über dem Präsidenten der Vollversammlung zur Abstimmung gereicht.

Amtssprachen der Vereinten Nationen bleiben zunächst wie bisher: Arabisch, Chinesisch, Englisch, Russisch, Spanisch und Französisch.

Arbeitssprache ist künftig nur noch Englisch.

Das Personal der Vereinten Nationen ist in seinen Handlungen der Charta und den Beschlüssen der Vollversammlung verpflichtet, keinem Staat, keiner Nation, keiner Partei, keiner Religion.

Der Generalsekretär der Vereinten Nationen besitzt hinsichtlich der Erfüllung seiner Aufgaben sowie zur Durchsetzung der Beschlüsse der Vollversammlung Weisungsrecht gegenüber den Nationalstaaten. Er ist weiterhin verantwortlich für die Erarbeitung des Haushaltes und für die Haushaltsdisziplin der Organisation. Der Generalsekretär ist gegenüber der Vollversammlung rechenschaftspflichtig.

Einen Kandidaten für das Amt des Generalsekretärs der Vereinten Nationen kann jeder Mitgliedsstaat vorschlagen.

Der Generalsekretär wird von der Vollversammlung für vier Jahre in geheimer Wahl mit einfacher Mehrheit gewählt. Die Anzahl der Amtszeiten ist auf zwei begrenzt.

Das Prozedere einer notwendigen Stichwahl ist dem der Wahl des Präsidenten gleich. Nach der Wahl erfolgt die Ernennung des Generalsekretärs durch den Präsidenten der Vereinten Nationen.

3.3.3 Räte und Friedenstruppen

Im Sinne einer qualifizierten Arbeitsteilung unterstehen dem Generalsekretär der Vereinten Nationen spezialisierte Organe mit abgegrenzten Aufgaben- und Problemfeldern, die durch Räte weitestgehend selbstständig geleitet werde. Ihre Kompetenzen schließen Direktkontakte zu den einschlägigen Vertretern in den Mitgliedsstaaten ein. Sie sind gegenüber den Mitgliedsstaaten aber nicht weisungsberechtigt. Weisungen, die einer Zustimmung durch die Vollversammlung nicht bedürfen, können nur über den Generalsekretär der Vereinten Nationen an die Nationalstaaten erteilt werden.

Die von den Räten vorbereiteten bzw. erarbeiteten Vorlagen und Dokumente, die einer Zustimmung durch die Vollversammlung bedürfen, werden vom Generalsekretär dem Präsidenten der Vereinten Nationen zugestellt.

Die Personalien für die Räte können sowohl vom Generalsekretär als auch von den Mitgliedsstaaten vorgeschlagen werden. Neben der persönlichen und fachlichen Eignung ist auch hier auf eine angemessene Einbeziehung aller Kontinente in die Funktionsträgerschaft zu achten.

Nach eingehender Prüfung und Diskussion werden die Räte durch die Vollversammlung mit einfacher Mehrheit gewählt.

Die Ernennung der Gewählten in die jeweiligen Funktionen erfolgt durch den Präsidenten der Vereinten Nationen.

In außerordentlichen Situationen, bei besonders schwierigen Missionen oder außergewöhnlichen Ereignissen ist es zulässig, neben der bestehenden Struktur Sonderkommissionen mit einem ganz konkreten Auftrag und einer eindeutigen zeitlichen Befristung zu bilden. Diese Sonderkommissionen können sowohl dem Generalsekretär direkt als auch dem vom Aufgabengebiet zuständigen Rat unterstellt werden.

Sonderkommissionen müssen vom Generalsekretär oder einem Mitgliedsstaat beim Präsidenten der Vereinten Nationen beantragt werden. Sie bedürfen grundsätzlich der Zustimmung durch die Vollversammlung mit einfacher Mehrheit.

In Anlehnung an die künftigen Ziele und Aufgaben der Vereinten Nationen werden folgende, dem Generalsekretär direkt unterstellten Organe vorgeschlagen:

> *Rat zur Sicherung des Weltfriedens (Weltfriedensrat)*
Hauptaufgabe dieses Organs ist die Erhaltung des Weltfriedens und damit verbunden die Förderung friedlicher, freundschaftlicher und gleichberechtigter Beziehungen zwischen den Staaten und Völkern. Es gilt, Konflikte und friedensbedrohende Situationen in der Welt

rechtzeitig zu erkennen, zu beurteilen und Maßnahmen zu ihrer Beseitigung oder Eindämmung vorzuschlagen.

Die Zuständigkeit umfasst weiterhin die nachhaltige weltweite konventionelle und atomare Abrüstung. In diesem Zusammenhang gilt es u. a. den Missbrauch der Nuklearenergie für militärische Zwecke aufzudecken, dem Einsatz und der Verbreitung von Massenvernichtungsmitteln entschieden entgegenzutreten und dafür Sorge zu tragen, dass die Waffenarsenale in ihrer Gesamtheit reduziert und letztlich einer zielstrebigen Vernichtung zugeführt werden.

> *Rat für internationale Wirtschaftsführung, Arbeit und Soziales (Weltwirtschaftsrat)*

Der Weltwirtschaftsrat ist ein politisches Gremium zur Führung der Weltwirtschaft, das selbst nicht als Unternehmer in Erscheinung tritt.

Hauptaufgabe dieses Organs ist es, das gesellschaftliche Hauptziel der globalen Wirtschaft,

bei Bewahrung der Schöpfung die Lebensqualität aller Menschen auf unserer Erde zielstrebig zu verbessern und darauf hinzuwirken, dass die Menschen auf allen Erdteilen ein würdevolles und erfolgreiches Leben führen können, mithilfe der „Regulierten internationalen Marktwirtschaft" umzusetzen.

Der Weltwirtschaftsrat formuliert für die einzelnen Etappen des globalen Wirtschaftens die grundlegenden Ziele und Rahmenbedingungen und nimmt (bei Notwendigkeit nach Bestätigung durch die Vollversammlung der Vereinten Nationen) auf deren Basis zielstrebig regulierenden Einfluss auf die internationale Entwicklung der Wirtschaft und damit letztlich auch auf die Entwicklung der einzelnen Länder.

Es gilt, die globale Wirtschaft in den Dienst aller Menschen zu stellen, Strategien für ein bedarfsgerechtes, koordiniertes, effizientes, aber auch maßvolles und umweltbewusstes Wirtschaften zu erarbeiten und durchzusetzen, die bestehenden Ungleichgewichte zwischen den Handelsblöcken, Regionen und Erdteilen abzubauen, den Wettbewerb als Eckstein der Marktwirtschaft allseitig zu fördern, durch eine wirksame Kartell- und Fusionsgesetzgebung dem Drängen der multinationalen Unternehmen nach Macht, Monopol und Einfluss konsequent entgegenzutreten, stabile Finanz- und Arbeitsmärkte zu schaffen sowie international gültige Arbeits- und Sozialstandards einzuführen. Von außerordentlicher Wichtigkeit ist es, die gravierenden wirtschaftlichen und sozialen Ungleichheiten auf unserer Erde Schritt für Schritt zu beseitigen und ähnliche Arbeits- und Lebensverhältnisse zwischen den Staaten und Kontinenten, auf einem hohen Niveau, zu schaffen.

Afrika z. B. braucht nicht nur den Anschluss an das digitale Zeitalter, sondern es braucht vor allem auch eine Perspektive in der neuen Welt. An einer gleichberechtigten Entwicklung dieses Kontinentes, welcher mit 30,3 Millionen km[261], über eine Milliarde Menschen und einem monatlichen Bevölkerungswachstum von durchschnittlich zwei Millionen der zweitgrößte der Welt ist, ist gegenwärtig gar nicht zu denken.

Immerhin lässt China ein neues Engagement in Afrika erkennen, wenn auch nicht ohne Eigennutz. Getrieben von der panischen Angst, dass halb Afrika nach Europa umsiedelt, beginnt auch in Europa ein langsames Umdenken. Die Initiative der Europäischen Union zur politischen und wirtschaftlichen Stabilisierung der afrikanischen Länder ist ein Schritt in diese Richtung. Für die überwiegende Mehrheit der Länder aber verspricht Afrika als billiges Rohstoff- und Arbeitskräftereservoir einfach mehr Rendite.

Multinationale Konzerne, vielfach verbunden mit korrupten Regierungen, missbrauchen hier nicht selten auf das Schändlichste ihre Macht und ihren Einfluss. Sie verhindern so nicht nur die Einführung verbindlicher Umwelt- und Sozialstandards, sondern sie beuten diese Länder schlicht in komplexer Weise aus. Tritt doch eine mutige Regierung dieser Länder zur Gegenwehr an, ist die Destabilisierung der politischen Verhältnisse in diesem Land und möglichst gleich in den Ländern, die mit dem „Aufmüpfigen" sympathisieren, auf die Tagesordnung gesetzt. Krieg, Armut und Elend sind die unausweichliche Folge.

Aber die Völker dieser Erde sind nicht mehr bereit, solche Zustände als „gottgewollt" hinzunehmen. Die moderne Kommunikationstechnik gewährt Einblicke in Ursache und Wirkung. Man empfängt die Signale des Wohlstandes aus den reichen Ländern. Die Menschen erkennen, wer an ihrem Elend schuld ist, wo es sich besser leben lässt und wo sie ihr Leben schützen können. Unter dem Motto: Wenn ihr unsere Länder und unsere Umwelt zerstört bzw. Derartiges zulasst, dann kommen wir eben zu euch – besser leben wollen wir auf jedem Fall.

Die Menschen können aber nicht alle in die globalen Zentren ziehen, sondern müssen vorrangig in ihrer angestammten Heimat bleiben bzw. möglichst kurzfristig wieder dorthin zurückkehren. Dies verlangt nach Frieden, Sicherheit, einer breit gefächerten Beschäftigung und einer attraktiven Perspektive in diesen Regionen.

Aufgabe des Weltwirtschaftsrates ist es deshalb, in enger Zusammenarbeit mit der Weltgemeinschaft alles daran zu setzen, dass die zurückgebliebenen oder bisher sogar vom globalen Warenaustausch ausgeschlossenen Länder befriedet, politisch stabilisiert und als gleichberechtigte Partner zügig in die internationale Arbeitsteilung integriert werden. Diese Länder müssen aus der unendlichen Schleife der Ausbeutung, eines billigen Rohstofflieferanten, des billigen Arbeitskräftereservoirs, der niedrigen Arbeits- und Sozialstandards sowie der niedrigen Steuern herauskommen. Sie müssen zu einem angemessenen Wohlstand finden und schließlich zu einem gleichberechtigten Partner des globalen Wettbewerbs werden.

Förderprogramme sind auf den Weg zu bringen und auf die o. g. Zielstellungen auszurichten. Wenn die ehemalige Chefredakteurin der „WirtschaftsWoche" in Bezug auf den arabischen Raum von einer Art notwendigem „Marshallplan" spricht[63], so kann man derartige Gedanken getrost auch auf ganz Afrika ausdehnen.

Die Förderprogramme müssen für die internationale Unternehmerschaft so attraktiv sein, dass sie sich in diesen Ländern engagieren und ein echter Wettbewerb bezüglich des Erhalts der Zuschläge entsteht. Parallel zu diesen Maßnahmen ist speziell auch den alten Industrienationen beizubringen, dass die Kolonialzeit endgültig vorbei ist und dass auch in wirtschaftlich zurückgebliebenen Ländern künftig international übliche Umwelt- und Sozialstandards gelten sowie korrekte Löhne und angemessene Steuern zu zahlen sind.

Dem wirtschaftlichen Aufschwung folgt in der Regel auch eine politische und gesellschaftliche Stabilisierung. Dies signalisiert der eigenen und internationalen Unternehmerschaft rückwirkend wiederum Rechtssicherheit und die Möglichkeit eines langfristig gewinnorientierten Wirtschaftens. Jetzt werden diese Länder und Regionen für das Unternehmertum auch ohne Fördermittel interessant. Sie beginnen aus eigenem Interesse zu investieren. Der Aufschwung gewinnt eine gewisse Eigendynamik und trägt sich letztlich selbst. Mit neuen Produkten, Innovationen und wachsender Kapitalausstattung steigt auch die Arbeitsproduktivität und mit der Leistung der Wohlstand des Landes

Wichtig ist jetzt, dass die mit dem Aufschwung verbundenen positiven Einkommenserwartungen der Bevölkerung nicht enttäuscht werden. Es gilt deshalb, die Früchte des Aufschwungs gerecht zu verteilen. Die Bevölkerung muss angemessen vom Wirtschaftswachstum profitieren und selbst für Investitionen Bereitschaft zeigen, sodass der Wohlstand letztlich auch vorrangig aus dem eigenen Land heraus zielstrebig wächst.

Die bereits im Pkt. 2.4. aufgezeigte Formel, nach der die Nominallöhne im Einklang mit der Produktivität plus dem Inflationsziel wachsen sollten, gibt auch hier eine gute Orientierung. Ergänzt durch ein entsprechendes Steuer- und Abgabensystem wird sich über die Zeit ein florierender Binnenmarkt mit einer breiten, kaufkraftstarken gesellschaftlichen Mittelschicht herausbilden.

Verteilungsgerechtigkeit wird in erster Linie durch das jeweilige Steuer- und Abgabensystem erreicht. Die Verantwortung liegt hier in den Händen der Politik; und genau an dieser Stelle zeigt sich auch, wem die Politik dient. Es ist deshalb wichtig, dass der Weltwirtschaftsrat die Orientierung dieses Dienens im jeweiligen Land verfolgt und bei Notwendigkeit korrigierend Einfluss nimmt.

Zentraler Einfluss ist unbedingt auch auf den internationalen „Gehaltswettbewerb" zu nehmen, um den Ausuferungen und Maßlosigkeiten Einhalt zu bieten. Schwerpunkt ist, die Managergehälter in ein angemessenes Verhältnis zu den anderen Einkommen zu bringen. Gerade hier werden sowohl den Unternehmen als auch den jeweiligen Staaten gegenwärtig Gelder entzogen, die sie dringend für ihre Erweiterung bzw. ihren Aufbau benötigen.

Über Eingriffe von außen in die jeweiligen Rechtsformen und deren Beschlüsse wird die Problematik allerdings schwierig zu klären sein. Steuerpolitische Lösungen könnten hier deshalb mehr Erfolg versprechen. Unter diesem Blickwinkel wäre es dann zunächst völlig unbedeutend, welches Gehalt und welche Tantiemen der Vorstand einer AG oder der Geschäftsführer einer GmbH sowie die nachgeordneten Manager und Mitarbeiter im Jahr von der Gesellschaft erhalten. Diese Einkünfte sind: Einkünfte aus nicht selbstständiger Arbeit; und damit entsprechend zu versteuern.

Wird z. B. in den Industrieländern für Top-Manager ein Jahreseinkommen (Gehalt plus Tantiemen) von 750 T€ aus gesellschaftlicher Sicht als obere Grenze eingestuft, so muss nach diesen 750 T€ eine Steuerprogression einsetzen, dass spätestens 150 T€ über diesem Betrag die Besteuerung des Einkommens bei mindestens

90 Prozent liegt. Damit löst sich nicht nur die Problematik der überzogenen, hierarchisch aufgebauten Managergehälter, sondern es grenzt auch die risikoreiche Tätigkeit eines persönlich haftenden Unternehmers vom Gehaltsempfänger ab. Der Machtbereich des Weltwirtschaftsrates der Vereinten Nationen lässt eine derart gestaltende Einflussnahme künftig weltweit durchaus zu.

Herausgestellt wurde bereits, dass die „Regulierte internationale Marktwirtschaft" für den Erhalt der Märkte und für einen regen nationalen und internationalen unternehmerischen Wettbewerb steht. Es ist deshalb eine erstrangige Aufgabe des Weltwirtschaftsrates, marktbeherrschende Stellungen von Unternehmen oder deren Streben danach energisch entgegenzutreten. Dies verlangt von den Verantwortlichen eine Menge Mut und Stehvermögen. Aber kein Unternehmen der Welt ist so „systemrelevant", dass es nicht zerschlagen oder sogar liquidiert werden könnte.

Die Standard Oil Company z. B. war bis zu ihrer Zerschlagung im Jahre 1911 das größte Erdöl-Raffinerie-Unternehmen der Welt und John D. Rockefeller sicherlich kein gesellschaftliches Leichtgewicht. Trotzdem hat es die Regierung unter Präsident Theodore Roosevelt gewagt, 1906 ein Verfahren gegen Standard Oil wegen des Verstoßes gegen den Sherman Antitrust Act einzuleiten. Im Mai 1911 ordnete der oberste Gerichtshof der USA die Entflechtung von Standard Oil innerhalb von sechs Monaten an.

Das waren viereinhalb Jahre schärfster Anfeindung gegen Präsident und Regierung. Dabei kamen diese nicht nur von Rockefeller, sondern auch von anderen Unternehmern, deren Unternehmen auf dem Markt eine ähnliche wirtschaftliche Stellung einnahmen wie Standard Oil. Sie hatten Angst, dass ihnen bei einem Sieg der Regierung über Rockefeller ein gleiches Schicksal ins Haus steht.

Natürlich war das Urteil der Bundesrichter für Präsident Roosevelt ein Prestigesieg. Aber in erster Linie war es ein Sieg für die Konsumenten der ganzen Welt. In diese Fußstapfen muss der Weltwirtschaftsrat treten. Gestützt auf ein entsprechendes internationales Wettbewerbsrecht und mit der ganzen Kraft der Vereinten Nationen im Rücken, ist konsequent gegen die Monopolisierung der Unternehmen vorzugehen.

Grundsätzlich gilt: Der Wettbewerb ist wichtiger als jeder Wettbewerber, wer Letzterer auch immer sein mag!

Zur erfolgreichen Führung der Weltwirtschaft und zur Durchsetzung der gestellten Ziele und Aufgaben benötigt der Weltwirtschaftsrat neben den nationalen Regierungen vor allem auch das internationalen Unternehmertum und die internationale Arbeiterschaft sowie ihre Verbänden und Organisationen als Verbündete, denn eine im internationalen Maßstab funktionierende „Dreigliedrigkeit" ist eine entscheidende Voraussetzung für die zielstrebige Regulierung der globalen Wirtschaft im Dienst der Menschen.

Genau hier liegt aber ein weiteres zentrales Problem unserer Zeit. Während sich die Unternehmerschaft international organisiert, bleibt neben der Politik auch die Arbeiterschaft hoffnungslos zurück. Auch in diesen Gremien wird an nationaler Macht und an ganz persönlichen, mit der nationalen Macht verbundenen Interessen festgehalten. Zusätzlich muss man an dieser Stelle den Gewerkschaften allerdings auch noch ein regelrechtes Unvermögen bescheinigen.

Die Geschichte der internationalen Arbeiter- und Gewerkschaftsbewegung ist bis in die Gegenwart schlicht eine Geschichte der Spaltung und Zerstrittenheit. Natürlich können sich die Gewerkschaften bis in alle Ewigkeit ausgrenzend und trennend darüber zerstreiten, ob man den Kapitalismus überwinden muss oder nur verbessern soll.[64]

Aber wem nützt ein solcher Streit bis auf des Messers Schneide? Diese Problematik steht doch gegenwärtig überhaupt nicht auf der Tagesordnung!

Wo waren denn z. B. die internationale Arbeiterbewegung und ihre Organisationen beim Aufstand der Textilarbeiter in Kambodscha zum Jahreswechsel 2013/14? In ihrem Kampf gegen Hungerlöhne und unmenschliche Arbeitsbedingungen brauchten die Protestierenden keine philosophischen Abhandlungen, sondern, spätestens als Kambodschas Militärpolizei auf sie schoss, die uneingeschränkte Solidarität und Stärke der internationalen Arbeiterschaft. Auf diese warten die Textilarbeiter Kambodschas allerdings bis heute vergeblich.

Die Arbeiter- und Gewerkschaftsbewegung ist international so schwach, dass sie im Weltmaßstab weder das eine noch das andere maßgeblich beeinflussen, geschweige denn durchsetzen kann.

Wenn man den Kapitalismus schon überwinden will, dann wäre es zumindest auch notwendig das „Ziel der Reise" zu benennen. Der 1989 zu Grabe getragene Sozialismus kann dieses Ziel doch wohl nicht sein, denn den wollte ja sogar das eigene Volk nicht mehr. Dieses System hat sich ohne jeden Zweifel in erster Linie von innen heraus selbst aufgelöst.

An der Stelle, wo sich die internationale Arbeiterbewegung gegenwärtig befindet, sind Streitigkeiten dieser Art völlig fehl am Platze. Das sollten sich gerade auch die beiden großen Organisationen der internationalen Gewerkschaftsbewegung, der Internationale Gewerkschaftsbund (IGB) und der Weltgewerkschaftsbund (WGB), mit allem Nachdruck verinnerlichen.

Jetzt gilt es ideologische Unstimmigkeiten in den Hintergrund zu stellen und den gemeinsamen, einenden Kampf zu organisieren. Die internationale Gewerkschaftsbewegung braucht eine gemeinsame internationale Strategie. Im Mittelpunkt steht dabei „das Machbare". Erreichbare Ziele sind zu formulieren und die Arbeitnehmer für diese Ziele zu begeistern. Kampferfolge spornen an, lassen eine Sinn erkennen, schmieden zusammen und sind gleichzeitig die beste Werbung zur Gewinnung neuer Mitglieder.

Gemeinsame Maßnahmen mit klaren Zielen und realen Erfolgsaussichten, z. B. im Rahmen branchenorientierter Streiks, wo ganze technologische Ketten weltweit zeitgleich stillgelegt werden, stärken die internationale Bewegung und die internationale Solidarität. Die Arbeiter spüren, dass sie selbst die Akteure sind, dass sie was bewirken. Das schafft Selbstbewusstsein und gegenseitiges Vertrauen. In Anlehnung an die nationalen Erfahrungen der Industriestaaten sind so weltweit stabile, leistungsfähige, von den Unternehmen unabhängige Gewerkschaften aufzubauen und diese unter einer weltweit einheitlichen Leitung zusammenzuführen.

Die Vereinten Nationen als künftige Schaltzentrale der Weltpolitik und der Weltwirtschaft brauchen zur Realisierung ihrer Ziele und zur Durchsetzung einer Wirtschaftspolitik zum Wohle aller Menschen die internationale Unternehmer- und Arbeiterschaft als Verbündete. Dieser dreigliedrige Bund kann in der Praxis aber nur funktionieren, wenn die Vereinten Nationen, also die politische Führung, Unternehmer- und Arbeiterschaft als gleichberechtigte Partner bewerten und zwischen den „Tarifpartnern" selbst ein annäherndes Kräftegleichgewicht herrscht. Letzteres ist gegenwärtig nicht der Fall. Die Kräftebilanz ist höchst besorgniserregend zugunsten der globalen Wirtschaft verschoben. Es ist deshalb notwendig, dass die Politik die Entwicklung der internationalen Arbeiterbewegung unterstützt, bis sich eine annähernde Balance der Kräfte einstellt.

Mit der erfolgreichen Arbeit des Weltwirtschaftsrates werden nach und nach viele Ursachen beseitigt, deren Wirkungen gegenwärtig die Vereinten Nationen, vielfach in völlig aussichtsloser Position, bekämpfen, sodass über die Zeit auch eine Reihe von Sonderorganisationen, Programmen und Fonds, die dieser Organisation gegenwärtig anhängig sind, überflüssig werden.

Gleiches trifft für eine Reihe etablierter internationaler Organisationen zu. So werden z. B. die jetzigen Aufgaben der Welthandelsorganisation (WTO) oder die der Organisation für wirtschaftliche Zusammenarbeit und Entwicklung (OECD) zum großen Teil zwangsläufig mit in den Kompetenzbereich des Weltwirtschaftsrates der Vereinten Nationen einfließen.

> *Rat für Wissenschaft, Bildung und Kultur*

Hauptaufgaben dieses Organs sind die internationale Förderung der Grundlagenforschung, die Förderung eines intensiven internationalen wissenschaftliche Diskurses, die friedliche Nutzung der Forschungsergebnisse, die Hebung des Bildungsniveaus und die konsequente Beseitigung des Analphabetentums, die Erarbeitung international gültiger Standards für die einzelnen Bildungsstufen und die weltweite Anerkennung gleichartiger Abschlüsse, der Schutz des Weltkulturerbes sowie die Förderung einer komplexen internationalen kulturellen Zusammenarbeit.

Die Bildung der Menschen hat einen ganz entscheidenden Einfluss auf die politische, wirtschaftliche, soziale und kulturelle Entwicklung eines Landes. Aber ein modernes Bildungssystem und eine damit verbundene moderne Ausbildung der Menschen fördert eben nicht nur Innovationen und Wirtschaftswachstum oder vermindert Arbeitslosigkeit und Erwerbsarmut, sondern trägt auch ganz wesentlich dazu bei, dass sich eine moderne Moral und Ethik in den Gesellschaften herausbildet. Eine Moral und Ethik, die vorrangig auf den Menschenrechten sowie dem kategorischen Imperativ von Immanuel Kant fußt und die dem Einzelnen signalisiert, wenn er diese Grundsätze durch sein Tun und Handeln verletzt. In diesem Sinne muss eine moderne Ausbildung bei den Kindern und Jugendlichen über die Zeit ein gefestigtes inneres Gespür für Recht und Unrecht formen, welches durchs Leben trägt und auch späteren Anfechtungen standhält.

Von ganz entscheidender Bedeutung sind deshalb auch die konsequente Beseitigung des Analphabetentums und die Einführung der Schulpflicht in allen Ländern und Regionen unserer Erde. Gesetzt wird auf eine generelle Chancengleichheit bei der Ausbildung. Das heißt, Kinder und Jugendliche aus sozial schwachen Familien sind entsprechend zu fördern, sodass sie bei gleicher Eignung auch den gleichen Bildungsabschluss erreichen können wie Kinder und Jugendliche aus wohlhabenden Familien.

Wichtig ist, dass die Abschlüsse und Zeugnisse zwischen den Ländern und Regionen vergleichbar werden. Deshalb müssen in einem ersten Schritt wenigstens Mindeststandards für die einzelnen Bildungsstufen festgelegt werden, welche Eingang in die Lehrpläne finden und deren Umsetzung durch den Rat entsprechend kontrolliert wird.

Keine Karriere ohne Leistung. Dieses Prinzip gilt künftig weltweit auch für die Lehrkräfte. Damit weicht der Beamtenstatus dem Angestelltenverhältnis, mit Kündigungsfristen und einer leistungsbezogenen Bezahlung.

Ein weiterer Schwerpunkt des Rates für Wissenschaft, Bildung und Kultur ist die Herausbildung einer weltweiten Kultur des Friedens und der Völkerverständigung. Dies schließt den Dialog der Kulturen und damit verbunden das Hinwirken auf ein friedliches und konstruktives Mit- und Nebeneinander der Weltreligionen ein.

Die Globalisierung zwingt zur internationalen Kommunikation in allen Bereichen des gesellschaftlichen Lebens. Die Eliten beherrschen die entsprechenden Sprachen bzw. verfügen über die jeweiligen Dolmetscher. Aber eine Verständigung auf der „Arbeitsebene" reicht eben für eine erfolgreiche Gestaltung unserer globalen multipolaren Welt nicht aus. Gebraucht werden dafür alle gesellschaftlichen Klassen und Schichten, nicht nur die Eliten.

Notwendig ist eine breite internationale Völkerverständigung. Es geht um das wechselseitige Kennenlernen, Verstehen und Achten, um das Voneinanderlernen, um das Abbauen von Ängsten und Vorbehalten, um das friedliche Miteinander der verschiedenen Nationen, Volksgruppen, Kulturen und Weltanschauungen auf unserer Erde. Entstehen muss ein weltweiter Diskurs der Völker über die grundlegenden politischen, wirtschaftlichen, sozialen, kulturellen und religiösen Fragen unserer Zeit.

Wie aber soll bei der vorherrschenden „babylonischen Sprachverwirrung" auf unserer Erde eine umfassende und tiefgreifende internationale Kommunikation zwischen den Menschen entstehen?

In welcher Sprache sollen z. B. die internationalen Medien senden oder schreiben, damit ihre Botschaften die Volksmassen weltweit auf direktem Wege erreichen?

In welcher Sprache sollen denn die Vereinten Nationen ihre Politik den Menschen erläutern, wenn sie dies nicht den subjektiv gefärbten Kommentaren nationaler Medien überlassen wollen?

Hier liegt ein grundlegendes Problem, denn die erfolgreiche Gestaltung der globalen multipolaren Welt ist ohne die aktive Einbeziehung und Mitwirkung der Menschen unmöglich. Dies wiederum verlangt nach einer breiten und tiefgreifenden internationalen Kommunikation der Völker und im gleichen Atemzug nach einer weltweit akzeptierten Verkehrssprache.

Derartige Notwendigkeiten berühren aber das Innerste einer jeden Nation, denn die Sprache steht vielfach für Geschichte, Kultur, Nationalstolz und vor allem auch für Abgrenzung.

Hier gilt es einfach zu begreifen, dass eine Verkehrssprache, und damit eine weltweite gemeinsame Sprachverständigung, die kulturelle Vielfalt auf unserem Planeten nicht dezimiert, sondern im Gegenteil, diese um ein Vielfaches bereichert.

Aber auf welche Sprache als Verkehrssprache soll man sich einigen, wenn jede große Nation ihre Sprache für die am besten geeignete hält?

Denkbar wäre eine Plansprache, wie z. B. Esperanto. Esperanto als künstliche Sprache hätte den Vorteil der absoluten Neutralität. Keine Nation müsste sich benachteiligt fühlen.

Esperanto hat sich aber als Weltsprache nicht durchgesetzt. Diese Sprache besitzt bis in die Gegenwart keinerlei internationale Bedeutung.

Unbestritten ist dagegen die wachsende Bedeutung der englischen Sprache für die internationale Kommunikation, welche insbesondere auch durch die moderne Informations- und Kommunikationstechnik weltweit stetig vorangetrieben wird. So bietet z. B. das Internet erstmals eine weltweite elektronische Plattform für die direkte und breite internationale Kommunikation der Menschen untereinander; eine Plattform für die direkte und unmittelbare Völkerverständigung.

Die englische Sprache hat sich im Zusammenhang mit den jüngeren Entwicklungen in Wissenschaft, Technik, Business und Gesellschaft zu einer außerordentlich modernen und attraktiven Weltsprache entwickelt, die weltweit, allen voran bei der Jugend, längst ihre Akzeptanz gefunden hat. Der Weltbürger von heute spricht und versteht neben seiner Muttersprache Englisch.

Englisch ist auch gegenwärtig bereits eine der sechs Amtssprachen der Vereinten Nationen und dort neben Französisch auch Arbeitssprache. Arbeitssprache ist sie auch in zahlreichen internationalen Institutionen, Gremien und Unternehmungen. Im internationalen Geschäfts- und Tourismusverkehr sowie in der internationalen Gastronomie dient sie längst als vorrangige Verkehrssprache. Dieser Trend wird sich, forciert durch den Einfluss der technischen Multiplikatoren, ohne jeden Zweifel auch in Zukunft fortsetzen.

Die moderne englische Sprache bietet alle Voraussetzungen für eine umfassende weltweite Kommunikation und für eine friedfertige internationale Völkerverständigung, ohne nationale Gefühle in irgendeiner Weise zu verletzen. Diese moderne Weltsprache ist deshalb auch als internationale Verkehrssprache auf unserer Erde bestens geeignet. Über diese Sprache können sich die Völker in einen internationalen, weltumspannenden Dialog einbringen.

Voraussetzung ist natürlich, dass die Menschen diese Sprache erlernen und zumindest auch umgangssprachlich beherrschen. Deshalb ist ein ganz besonderes Augenmerk auf die Sprachförderung, insbesondere auch bei den Kindern und Jugendlichen zu legen und Englisch in allen Ländern unserer Erde als erste Pflichtfremdsprache und grundsätzlich als Prüfungsfach einzuführen.

> ➤ *Rat für Umwelt, Energie und Bodenschätze*
Hauptaufgaben dieses Organs sind: der Schutz und der Erhalt der Schöpfung, die Sicherung einer weltweiten Energieversorgung, verbunden mit einem starken Ausbau der regenerativen Energien, der schonende Umgang mit den natürlichen Ressourcen sowie die Erarbeitung von Regeln und Normen für die Nutzung des Weltraums und die Beseitigung des Weltraumschrottes.

Es geht um den Schutz und den Erhalt der natürlichen Lebensgrundlagen aller Lebewesen auf unserer Erde, den Erhalt der natürlichen Vielfalt, den Erhalt des Weltklimas, die Ausarbeitung und Durchsetzung international verbindlicher Umweltschutzrichtlinien und Klimaziele, die Unterstützung nationaler Umweltprogramme und Umweltmaßnahmen, die konsequente Bekämpfung der Umweltkriminalität sowie den Schutz des Weltraumes.

Es gilt ein Bewusstsein dafür zu entwickeln, dass wir an diesen Planeten gebunden sind, seine physischen Grundlagen aber Grenzen haben und deshalb ein Höchstmaß an Verantwortung sowohl gegenüber unserer Erde als auch gegenüber nachfolgenden Generationen gefragt ist.

„Grüne Innovationen" sind deshalb bei der Energieversorgung zu fördern. Gleichzeitig ist alles daran zu setzen, dass der weltweite Energieverbrauch nachhaltig gesenkt wird.

Trotz aller Sparsamkeit, Energieeffizienz und dem verstärkten Einsatz erneuerbarer Energien wird es aber zumindest auf absehbare Zeit nicht möglich sein, den weltweiten Energiebedarf ganz ohne Kernenergie abzudecken. In Bezug auf die Kernenergie sollte nicht übersehen werden, dass diese, neben den zweifellos schwerwiegenden Risiken, die uns mit aller Deutlichkeit in Tschernobyl und Fukushima vor Augen geführt wurden, sowie der vielfach ungeklärten Endlagerung auch unübersehbare Vorteile bietet. Es empfiehlt sich deshalb, die internationale Forschung hinsichtlich einer friedlichen Nutzung der Kernenergie unter dem Dach der Vereinten Nationen weiterzuführen. Für Kernkraftwerke gilt es entsprechende Sicherheitsstandards aufzustellen, die nicht nur den reinen Betrieb, sondern auch die vor- und nachgelagerten Prozesse umfassen. Die konsequente Kontrolle der Einhaltung dieser Standards erfolgt in Zuständigkeit der Vereinten Nationen.

Ein besonderes Augenmerk muss den Bodenschätzen unserer Erde gelten. Diese „Schätze" sind natürliche Vorkommen, nicht regenerierbar und stehen damit der Menschheit nur begrenzt zur Verfügung. Sie werden nicht nur knapper, sondern ihre Erschließung auch wesentlich teurer und risikoreicher. Gleichzeitig steigt die Nachfrage nach diesen „Schätzen" und diese wird auch noch merklich differenzierter. Die Energiewende verlangt verstärkt nach Mineralen wie Seltene Erden, Lithium und Kobalt, die bisher nur an wenigen Orten der Erde gefunden und aufbereitet werden. Neodym z. B., aus der Gruppe der Seltenen Erden, ist ein zentraler Rohstoff für die Herstellung von Windturbinen und Elektromotoren und es ist kein Geheimnis, dass hier im Wesentlichen China den internationalen Markt kontrolliert. Solchen Marktmonopole bieten über die Zeit ein außerordentliches geopolitisches Konfliktpotenzial, mit Spannungen gerade auch zwischen den Supermächten.

Der Umgang mit den auf unserer Erde noch vorhandenen Bodenschätzen verlangt deshalb höchste Sorgfalt und höchstes Verantwortungsbewusstsein. Es verlangt ein weitsichtiges strategisches geopolitisches Denken und Handeln und einen sorgfältigen, wohl überlegten Verbrauch dieser natürlichen Ressourcen, auch in Hinblick auf die nachfolgenden Generationen.

Der kapitalistischen Produktionsweise mit ihrem nach Gewinn strebenden Denken sind solche Handlungsweisen aber nicht im ausreichenden Maße eigen. Abgebaut wird, was wirtschaftlich ist, alles andere bleibt liegen. Dann zieht man weiter zur nächsten „Fundgrube". Wenn man Glück hat, erfolgt noch vorübergehend ein vom Staat subventionierter Ab- und Rückbau, um die drohende Arbeitslosigkeit in der Region zu kompensieren und den Strukturwandel voranzutreiben.

Im Umgang mit Bodenschätzen ist ein rein wirtschaftliches Denken und Handeln völlig fehl am Platze. Was heute unwirtschaftlich ist oder als Rohstoff nicht gebraucht wird, kann in einigen Jahren in einem ganz anderen Licht erscheinen. Aber auf diese als unwirtschaftlich eingestuften und zurückgelassenen Bodenschätze kann nicht beliebig zurückgegriffen werden. Die Lagerstätten sind nicht mehr befahrbar und die erforderliche Infrastruktur ist nicht mehr vorhanden. Diese Bodenschätze sind in der Regel für die Menschheit verloren.

Die nationalen Regierungen stehen hier in höchster Verantwortung, welche der Kontrolle und bei Notwendigkeit der gezielten Einflussnahme durch die Vereinten Nationen bedarf. Einer Einflussnahme, die von den Vereinten Nationen auf die nationalen Regierungen durchgreift.

Unter diesem Blickwinkel könnte es durchaus auch sinnvoll sein, Lagerstätten außerhalb nationaler Hoheitsgebiete in die Zuständigkeit der Vereinten Nationen zu überführen. Dies würde nicht nur das Verankern weiterer Fähnchen mit den jeweiligen Hoheitszeichen auf dem Meeresgrund verhindern, sondern vor allem auch positive Auswirkungen auf die Gewinnung und Verteilung der Rohstoffe auf unserer Erde haben und im ganz wesentlichen Maße zum Erhalt des Weltfriedens beitragen.

> ### Rat für internationale Struktur- und Siedlungspolitik

Hauptaufgabe dieses Organs ist die Sicherung einer gleichmäßigen gesellschaftlichen Entwicklung auf unserer Erde. Im Mittelpunkt stehen dabei die Abschwächung bzw. die Beseitigung der z. T. völlig ungerechtfertigten Gefälle zwischen Nord und Süd oder West und Ost sowie die verstärkte Einbeziehung bisher vernachlässigter Regionen und Erdteile in die gesellschaftlichen Entwicklungsprozesse. In diesem Sinne nimmt dieses Organ in enger Zusammenarbeit mit den anderen Räten direkten Einfluss auf die internationale Entwicklungs-, Siedlungs- und Wohnpolitik, auf die Entwicklung der internationalen Infrastruktur, den Ausgleich zwischen Stadt und Land, den Ausbau von Metropolen und der damit verbundenen Konzentration und Dezentralisation von Wirtschaft, Kapital, Arbeit und Menschen.

> ### Rat für Ernährung, Land-, Forst- und Fischereiwirtschaft

Hauptaufgaben dieses Organs sind die Sicherung der Ernährung der Weltbevölkerung und damit verbunden der Aufbau einer weltweit leistungsfähigen, nachhaltigen und umweltschonenden Land-, Forst- und Fischereiwirtschaft.

Im Mittelpunkt stehen Aufgaben, wie z. B. die Bilanzierung des weltweiten Nahrungsmittelbedarfes, die Durchsetzung von Prioritäten für die regionale Nahrungsmittelproduktion, die effiziente

Umwandlung, Züchtung und Veredlung pflanzlicher, tierischer und forstwirtschaftlicher Produkte, die Durchsetzung eines weltweit einheitlichen Verbraucherschutzes, die Beseitigung von Hungerregionen sowie die organisierte Nahrungsmittelhilfe bei Katastrophenfällen.

> *Rat für Menschenrechte, Gesundheit und Familie*

Hauptaufgaben dieses Organs sind:

a) Die weltweite Durchsetzung der „Allgemeinen Erklärung der Menschenrechte" der Vereinten Nationen von 1948 und die Weiterentwicklung des Völkerrechts auf dem Gebiet der Menschenrechte.

Menschenrechtsverletzungen sind konsequent aufzudecken, zu verfolgen und zur Anklage zu bringen. Internationalen Flüchtlingen und Binnenvertriebenen, die infolge innerstaatlicher Konflikte oder Menschenrechtsverletzungen fliehen müssen, ist internationaler Rechtsschutz zu gewähren. Eine intensive Zusammenarbeit der Vereinten Nationen mit auf diesen Gebieten international bereits bewährten Organisationen, wie z.B. Amnesty international, ist selbstverständlich.

b) Die permanente Verbesserung des Gesundheitszustandes der Weltbevölkerung, der Auf- und Ausbau leistungsfähiger Gesundheitsdienste und Gesundheitswarndienste, die Förderung der medizinischen Forschung sowie die Erarbeitung von international verbindlichen Standards auf dem Gebiet des Gesundheitswesens.

c) Der weltweite Schutz und die ständige Verbesserung der Lebensverhältnisse der Familien, Lebens- und Hausgemeinschaften.

Diese Gemeinschaften, und allem voran die Kinder, sind unter den besonderen Schutz der staatlichen Ordnungen und der Vereinten Nationen zu stellen. Die Vereinten Nationen sind insbesondere dann gefordert, wenn staatliche Ordnungen diesbezüglich die geforderten Normen nicht erfüllen bzw. bewusst unterlaufen. Jede Mutter und jedes Kind, gleich welcher Nation und Rasse, hat Anspruch auf Schutz und Fürsorge durch die nationale und internationale Gemeinschaft. Derartige Verantwortungen enden nicht an den Grenzen eines Nationalstaates, sondern hier ist die Weltgemeinschaft als Ganzes gefordert.

> Die Friedenstruppen

Die Vereinten Nationen verfügen künftig über eigene Luft-, See- und Landstreitkräfte. Mit den Stationierungsländern sind entsprechende Sonderabkommen abzuschließen. Im Bedarfsfall können mit Zustimmung der Vollversammlung der Vereinten Nationen weitere Streitkräfte aus den Mitgliedsstaaten rekrutiert werden.

Die Friedenstruppen sind militärische Kräfte, die dem Generalsekretär der Vereinten Nationen unterstellt sind. Sie dienen der Erhaltung des Weltfriedens und führen im Auftrag der Vereinten Nationen in einzelnen Staaten und Regionen friedenserhaltende oder friedensstiftende Maßnahmen durch. Ihr Einsatz ist gleichfalls im Rahmen der Durchsetzung des Völkerrechts und der Durchsetzung von Entscheidungen der zu den Vereinten Nationen gehörenden internationalen Gerichte möglich.

Der Einsatz der Friedenstruppen bedarf stets der Zustimmung der Vollversammlung der Vereinten Nationen. Diese ist gegeben, wenn mindestens 75 Prozent der in der Vollversammlung anwesenden Stimmberechtigten für diesen Einsatz stimmen. Der Einsatz der Friedenstruppen bedarf nicht der Zustimmung des betreffenden Landes oder der dort wirkenden Konfliktparteien. Die Resolution muss aber Ziel, Art, Umfang und Dauer des Einsatzes eindeutig benennen.

Die Kommandeure der Friedenstruppen werden vom Generalsekretär, in enger Abstimmung mit dem Weltfriedensrat, der Vollversammlung vorgeschlagen und von Letzterer mit einfacher Mehrheit gewählt.

Eine Konzentration der Streitkräfte bei den Vereinten Nationen wird vor allem bei den wirtschaftlich und militärisch schwächeren Staaten Unterstützung finden; bei den militärischen Schwergewichten dieser Welt dagegen eher für Unbehagen sorgen. Aber auch hier weiß im Grunde jeder, dass mit nationaler militärischer Stärke schon längst nichts mehr zu gewinnen ist. Diese Erfahrungen haben Napoleon, Deutschland in zwei Weltkriegen, die USA nach dem zweiten Weltkrieg in Korea, in Vietnam, im Irak und in Afghanistan gemacht. Die ehemalige Sowjetunion erlebte mit ihrer hochgerüsteten Armee in Afghanistan ein ähnliches Debakel.

Hinterlassen wird Zerstörung, Elend, Hass und Tod. Alle sind am Ende froh, wenn noch ein Weg gefunden wird, der einen Ausstieg aus der Katastrophe ohne zu großen Gesichtsverlust ermöglicht. An dieser Stelle zeigen sich auch die Vorteile der zeitlich begrenzten Macht und des unblutigen Machtwechsels in den Demokratien.

In einer globalen multipolaren Welt zählen letztlich nur noch die Stärke und der Pranger der internationalen Gemeinschaft. Der Druck der internationalen Gemeinschaft auf den Einzelnen wird bei diesem zu Willens- und Handlungsänderungen führen, auch ganz ohne militärische Gewalt.

3.3.4 Sonderorgane

Im Ergebnis der Reorganisation gehören künftig folgende Sonderorgane den Vereinten Nationen an:

die Weltzentralbank, die Bank der Vereinten Nationen und die internationalen Gerichte. Die Sonderorgane sind nicht dem Generalsekretär, sondern dem Präsidenten der Vereinten Nationen direkt unterstellt.

> *Die Weltzentralbank*

Die Weltzentralbank als Sonderorgan der Vereinten Nationen, ist eine globale Institution, die für Geldwertstabilität und für die Aufrechterhaltung eines weltweit funktionierenden Zahlungssystems steht.

Die Ausstattung der Weltzentralbank erfolgt durch die Übertragung nationaler Währungsreserven, allen voran natürlich von den Mitgliedsstaaten der Vereinten Nationen. Sie verfügt aber nicht über die Herstellungsgewalt fremder Währungen.

Die Weltzentralbank ist in ihren Entscheidungen unabhängig. Das heißt, sie agiert unabhängig von der Politik und unabhängig von privaten Wirtschafts- und Finanzinteressen. Der Präsident der Weltzentralbank ist aber gegenüber der Vollversammlung der Vereinten Nationen rechenschaftspflichtig. Ziel ist eine hohe Transparenz der favorisierten Geldpolitik.

Die Weltzentralbank steht im engen Kontakt mit den nationalen Zentralbanken und bildet gemeinsam mit diesen das Weltzentralbankensystem. In diesem Rahmen bestimmt sie im entscheidenden Maße die Geld- und Währungspolitik auf unserer Erde. Sie fördert eine gesunde Entwicklung der Weltwirtschaft und trägt damit ganz wesentlich zur Erreichung des gesellschaftlichen Hauptzieles des globalen Wirtschaftens bei.

Die Weltzentralbank nimmt Einfluss auf die Kreditvergabepraxis und damit auf die Geldschöpfung der Banken. Es geht um sinnvolle Kredite. Kredite, die unter dem Blickwinkel des Schutzes unserer Umwelt für Wachstum, Produktivität und Wohlstand sorgen; also überwiegend in die Realwirtschaft fließen und von dort auch wieder zurückgeführt werden.

Die Weltzentralbank wirkt Monopolisierungsbestrebungen der Banken strikt entgegen und setzt auf einen fairen, breit gefächerten Wettbewerb der Kreditinstitute. Ihre Aufgabe ist es aber nicht, insolvente Banken künstlich am Markt zu halten. Banken, die sich nicht am Markt bewähren, müssen diesen verlassen. Die Politik sollte hier nicht ängstlich agieren und den Begriff der „Systemrelevanz" äußerst eng fassen. Nur in absoluten Ausnahmefällen sind „Geldspritzen" zur Überbrückung kurzfristiger Engpässe zulässig. Der Schutz der Kundengelder, z. B. Sicht-, Termin-, oder Spareinlagen sowie auf den Namen lautende Sparbriefe, erfolgt bis zu einer festgelegten Höhe über Einlagensicherungsfonds.

Die Weltzentralbank orientiert generell auf ein Weltfinanzsystem, das der Kapitalmarktliberalisierung z. B. durch eine weltweit funktionierende Finanz- und Bankenaufsicht Grenzen setzt, die Finanzströme auf die Realwirtschaft ausrichtet, Steueroasen austrocknet und so einem sich verselbstständigenden zur politischen und wirtschaftlichen Macht strebenden, international organisierten Spekulantentum die Grundlagen entzieht.

„Der Dollar ist unsere Währung, aber euer Problem" [65], soll der ehemalige US-Finanzminister John Connally einmal gesagt haben und trifft damit genau ins Schwarze. Das Federal Reserve System (Fed) ist zwar nicht das Zentralbankensystem der Welt, sondern das Zentralbankensystem der USA, aber alle Entscheidungen, die hier getroffen werden, fallen in erster Linie im Interesse der USA. Der Dollar ist die nationale Währung der Vereinigten Staaten und zugleich Weltleitwährung. Die Weltleitwährung stammt damit aus Presse und Stanze eines Landes. Dies verschafft den USA eine einmalige Vormachtstellung in der Welt. Sie bestimmen in letzter Instanz die Geld- und Währungspolitik auf unserem Planeten und können die Defizite und Krisen des eigenen Landes weitestgehend auf andere Länder abwälzen.

Die globale multipolare Welt kann und wird dauerhaft nicht zulassen, dass ein Land allein die Macht über die Leitwährung ausübt. Es wird nicht sein, dass z. B. ein Land mit großen Dollarreserven für alle Zeiten einerseits den Reichtum der USA stetig mehrt und andererseits regungslos zusieht, wie die USA „rund um die Uhr" Dollars weit über ihre Produktivität hinaus drucken und somit seine Dollarreserven immer mehr an Wert verlieren.

Eine von der Weltzentralbank der Vereinten Nationen ausgegebene Weltreservewährung setzt der US-Dollarhegemonie ein Ende. Sinnvoll ist es, dass diese Weltreservewährung zunächst parallel zu den nationalen Währungen zirkuliert. Die einzelnen Länder können dann weiter zu ihr auf- und abwerten. Die Umtauschverhältnisse zur Weltreservewährung orientieren sich an den Kaufkraftparitäten der jeweiligen Länder, sodass ein repräsentativer Warenkorb von Gütern und Dienstleistungen annähernd gleich teuer ist.

Vielfach wird gefordert, eine künftige Leitwährung an den Goldstandard zu binden, um die „wundersame Geldvermehrung" und das Ausufern an den internationalen Finanzmärkten zu beenden. Diese Forderung mag nicht unberechtigt sein. Im Kern aber ist es völlig unbedeutend, wie eine künftige Leitwährung heißt und ob sie auf Gold, Silber, Kupfer, Öl oder Papier basiert. Entscheidend ist und bleibt, wer die Macht über diese Währung hat und wie er diese ausübt. Die globale multipolare Welt verlangt nach einer autorisierten, internationalen politischen Macht. Die Vereinten Nationen mit ihrem neuen Profil erfüllen hier alle Voraussetzungen und die Weltzentralbank wird für eine Kompetente und höchst verantwortliche Geld- und Währungspolitik stehen.

Die von der Weltzentralbank ausgegebene Weltreservewährung wird bei der internationalen Staatengemeinschaft, allen voran bei den Schwellen- und Entwicklungsländern, rasch Vertrauen und Akzeptanz finden und einen breiten und lebhaften Austauschmarkt hervorbringen. Als stabiles Wertaufbewahrungsmittel erfüllt sie für viele nationale Währungen eine Ankerfunktion. Diese Leitwährung stabilisiert das internationale Finanzsystem und beugt der Plage periodischer Finanz- und Wirtschaftskrisen wirksam vor.

Die Weltzentralbank der Vereinten Nationen wird von einem Direktorium geleitet. Den Vorsitz des Direktoriums hat der Präsident der Weltzentralbank.

Die Mitglieder des Direktoriums sowie der Präsident der Weltzentralbank werden von den Mitgliedsstaaten vorgeschlagen und von der Vollversammlung der Vereinten Nationen in geheimer Wahl mit einfacher Mehrheit gewählt. Die Amtszeit eines Direktoriumsmitgliedes beträgt fünf Jahre. Eine Wiederwahl ist möglich. Die Anzahl der Amtszeiten ist aber auf zwei begrenzt.

Dass Prozedere einer notwendigen Stichwahl ist dem der Wahl des Präsidenten der Vereinten Nationen gleich. Nach der Wahl erfolgt die Ernennung des Präsidenten der Weltzentralbank durch den Präsidenten der Vereinten Nationen.

> ➤ *Die Bank der Vereinten Nationen*

Zu den Hauptaufgaben der Bank gehören die Bereitstellung der finanziellen Mittel für die Realisierung der Ziele, Aufgaben, Maßnahmen und Programme der Vereinten Nationen, die zielstrebige wirtschaftliche Förderung der Mitgliedsländer sowie die aktive Mitwirkung am Aufbau eines weltweit stabilen Finanz- und Währungssystems.

Die Bank berät bei der Umsetzung der Ziele, Aufgaben, Maßnahmen und Programme und kontrolliert neben dem Projektfortschritt, Zins- und Rückzahlungen der ausgereichten Kredite. Sie beobachtet in diesem Zusammenhang weiterhin die wirtschaftliche und finanzielle Entwicklung der Länder, ihre Zahlungsbilanzen, die Liquidität und die Stabilität der Währungen.

Geleitet wird die Bank durch ein Direktorium. Den Vorsitz des Direktoriums hat der Präsident der Bank der Vereinten Nationen.

Die Mitglieder des Direktoriums sowie der Präsident der Bank werden von den Mitgliedsstaaten vorgeschlagen und durch die Vollversammlung in geheimer Wahl mit einfacher Mehrheit gewählt. Die Berufung der Gewählten erfolgt durch den Präsidenten der Vereinten Nationen.

Die Bank der Vereinten Nationen finanziert sich über Einlagen der Mitgliedsländer, Einlagen von Unternehmen, Organisationen und Privatpersonen, Einlagen der Vereinten Nationen und durch die Aufnahme von Kapital auf den internationalen Kapitalmärkten.

Die Bank hat bei allen Geldgeschäften und Transfers peinlichst darauf zu achten, dass sie nicht in Abhängigkeiten einzelner Länder, Finanzoligarchen oder Spekulanten gerät, sondern dass ihre Unabhängigkeit und souveräne Handlungsfähigkeit zu jeder Zeit gewahrt bleibt. Arbeit- und Handlungsweise dieser Bank sind weltweit Vorbild für alle anderen gleichartigen Institutionen.

> Die internationalen Gerichte

Die globale multipolare Welt verlangt nach einem international verbindlichen Recht auf den einzelnen Gebieten, nach einer unabhängigen Rechtsprechung und nach einer konsequenten Ausführung der Urteile. Notwendig ist es deshalb, dass internationale Gerichtswesen mit unter das Dach der Vereinten Nationen zu stellen. Durch die unabhängigen internationalen Gerichte wird es möglich, solche schrecklichen Verbrechen wie Völkermord, Verbrechen gegen die Menschlichkeit, Kriegsverbrechen, Verbrechen der Aggression oder zwischenstaatliche Streitigkeiten, wirtschafts- und handelsrechtlichen Problemen, Probleme des internationalen Wettbewerbes, des Investitionsschutzes, der Wirtschaftskriminalität u. a. nach gleichem Recht verbindlich klären und ahnden zu lassen.

Für die Völker und Nationen ist es wichtig zu wissen und zu spüren, dass diese Gerichte nach gleichen Maßstäben sowie unabhängig und unbeeinflusst von Person, Amt und staatlicher Macht urteilen.

Der Gerichtsbarkeit der internationalen Gerichte haben sich alle Mitgliedsstaaten der Vereinten Nationen zu unterziehen. Die Urteile dieser Gerichte sind verbindlich und mit Unterstützung der Weltgemeinschaft durchzusetzen. Macht, Einfluss und Ächtung der internationalen Gemeinschaft werden dazu führen, dass sich auch die Länder, die den neuen Status der Vereinten Nationen zunächst ablehnen, an die Normen des internationalen Rechts halten und sich, bei Verletzungen dieser Normen, der internationalen Gerichtsbarkeit nicht entziehen können.

Die internationalen Gerichte verfügen über eine eigene Anwaltschaft und Anklagebehörde. Die Anklagebehörden der internationalen Gerichte können selbstständig ermitteln, wenn entsprechende Rechtsverletzungen vorliegen oder vermutet werden. Ihre Tätigkeiten sind nicht auf die Mitgliedsstaaten der Vereinten Nationen beschränkt.

Das nationale Recht ist dem internationalen Recht untergeordnet. Der Grundsatz der Vorrangigkeit der nationalen Gerichtsbarkeit bleibt aber bestehen. Die internationalen Gerichte werden nur dann tätig, wenn der Klärungsprozess die Möglichkeiten und Kompetenzen nationaler Gerichte übersteigt, Entscheidungen nationaler Gerichte dem international geltendem Recht widersprechen, im jeweiligen Land keine entsprechende nationale Gerichtsbarkeit existiert oder ein Land im konkreten Fall keine Strafverfolgung betreibt.

Die Wahl der unabhängigen Richter und des Präsidenten eines internationalen Gerichtes erfolgt auf Vorschlag der Mitgliedstaaten durch die Vollversammlung der Vereinten Nationen mit einfacher Mehrheit. Dabei sollte das Kollegium der Richter eines Gerichtes in seiner Zusammensetzung nach Möglichkeit die nationale Vielfalt der Vereinten Nationen widerspiegeln.

4 DIE EINORDNUNG EUROPAS

4.1 Die Union verliert den Anschluss

Die Globalisierung hat das politische und wirtschaftliche Machtgefüge auf unserer Erde verändert. Staaten wie China, Indien, Brasilien oder Indonesien rücken aufgrund ihrer Wirtschaftskraft, militärischen Stärke, territorialen Größe und Bevölkerungszahl neben den USA, Russland und Japan mit in das Zentrum der neuen Weltordnung und fordern ihren Anteil an der Macht. Für kleinere, mittlere oder ärmere Nationalstaaten wird es damit immer schwieriger, ihre Interessen im internationalen Maßstab selbstständig zu vertreten. Diese bittere Erkenntnis gilt auch für Europa. Nicht ein Staat des europäischen Kontinentes, außer Russland mit seinem auf den asiatischen Teil über greifenden Territorium, könnte selbstständig seine politischen, ökonomischen, sozialen oder umweltpolitischen Interessen im ausreichenden Maße gegenüber den Giganten der Weltpolitik durchsetzen. Die Erweiterung der Europäischen Union auf nunmehr 27 Mitgliedsstaaten ist also eine logische und folgerichtige Entwicklung.

Aber es ist doch Paradox:

Alle wissen, dass Europa nur politisch, wirtschaftlich und gesellschaftlich geeint ein bedeutendes und einflussreiches Mitglied der globalen multipolaren Welt werden kann und alle Mitgliedsstaaten sind dem europäischen Staatenbund freiwillig, durch Referendum oder Zustimmung der nationalen Parlamente beigetreten. Alle kannten und kennen die Ziele, Aufgaben und Werte dieser Europäischen Union bzw. haben sie über die Zeit ihrer Mitgliedschaft aktiv selbst mit gestaltet und alle wussten und wissen, dass diese Ziele,

Aufgaben und Werte nur durch ein gemeinsames, zielstrebiges, solidarisches Handeln erreicht werden können. Obwohl also alle genau wussten und wissen, dass dieses Europa nur funktioniert, wenn alle Mitgliedsstaaten den Geist der Einheit und Gemeinsamkeit, des guten Willens, der Loyalität, der Solidarität, der gegenseitigen Achtung und des gegenseitigen Verstehens in diese Union hineintragen, wird in der Praxis nur selten nach dieser Maxime gehandelt. Der nationale Egoismus ist in den Mittelpunkt gerückt. Jeder ist sich selbst der Nächste und handelt zu seinem eigenen Vorteil. Europa ist gespalten wie in alten Zeiten und das überträgt sich auf alle Ebenen des politischen, wirtschaftlichen und gesellschaftlichen Lebens.

Ob den in Europa verantwortlichen Politikern wirklich bewusst ist, was sie hier anrichten?

Europa besitzt gegenwärtig weder außen- noch innenpolitisch ein von der Gemeinschaft getragenes zielführendes Konzept, noch kann es für die grundlegenden politischen, wirtschaftlichen und sozialen Fragen unserer Zeit zukunftsorientierte Lösungen anbieten; geschweige denn der sich entwickelnden multipolaren Welt richtungsweisende Impulse setzen.

Jüngere Beispiele der praktischen Politik wie der Kosovo-Konflikt, der Irak-Krieg, der geplante Aufbau des Raketenabwehrschildes in Tschechien und Polen, der „Arabische Frühling" oder die Aufhebung des Waffenembargos gegen Syrien am 28. Mai 2013, sodass am Ende jedes europäische Land selbst entscheiden konnte, ob es Waffen an die Gegner des Assad-Regimes liefert oder nicht, untermauern diese Einschätzungen. Speziell in Hinblick auf den Irak-Krieg oder den NATO-Einsatz in Libyen hätten die Standpunkte, Argument, Positionen und damit letztlich auch die Entscheidungen gar nicht unterschiedlicher sein können.

Wenn überhaupt, zeigte Europa Einigkeit nur 2014 in Bezug auf die Sanktionen gegen Russland. Aber hier bestätigt wirklich die Ausnahme die Regel.

Die Außen- und Sicherheitspolitik der Europäischen Union beruht vorrangig nur auf Abstimmung der einzelnen Staaten untereinander. Über das Amt des „Hohen Vertreters für Außen- und Sicherheitspolitik" und den Aufbau eines Europäischen Auswärtigen Dienstes (EAD) wird versucht, die Außenpolitik der Union stärker zu koordinieren und die Kräfte für ein einheitliches Vorgehen zu bündeln. Die nationalen Regierungen behalten sich aber die Letztentscheidung vor. Damit bleibt europäische Außenpolitik in erster Linie immer noch eine nationale Angelegenheit. Die Mitglieder der Union wollen „die Zügel" nicht aus der Hand geben und verfolgen weiter ihre ganz eigene Diplomatie. Natürlich mit weniger als mäßigem Erfolg; aber selbst das veranlasst sie nicht zum Verständnis, dass in einer globalen multipolaren Welt Europa nur mit einer gemeinsamen Stimme ernsthaft wahrgenommen wird.

So bleibt die Europäische Union auf der internationalen Bühne ein richtungsloses, unentschlossenes und wenig verlässliches Leichtgewicht. Deshalb ist es auch völlig unerheblich, ob der EU-Außenbeauftragte (wie das Amt des Hohen Vertreter umgangssprachlich auch kurz benannt wird), Catherine Ashton, Federica Mogherini oder Josep Borrell heißt; unter den gegebenen Umständen kann dieser Vertreter mit seinem gesamten Europäischen Auswärtigen Dienst europäische Außenpolitik nur simulieren.[66]

Am Minsker Abkommen z.B. im Februar 2015 in der weißrussischen Hauptstadt Minsk nahm die damalige EU-Außenbeauftragte Frederica Mogherini nicht einmal teil. Dieses Abkommen wurde von den Präsidenten Frankreichs, Russlands, der Ukraine sowie der Deutschen Bundeskanzlerin ganz ohne Brüssel ausgehandelt.

Auch verfügt die Europäische Union über keine eigenen Streitkräfte. Ein gemeinsames Verteidigungsbündnis gibt es praktisch nur im Rahmen der NATO; und hier ist die führende Rolle der USA, beginnend bei den Führungs- und Befehlsstrukturen bis hin zu den militärischen Ausrüstungen, eindeutig definiert. De facto kann sich Europa ohne die Unterstützung der USA überhaupt nicht selbstständig verteidigen. Bringt man es auf den Punkt, so muss man bekennen, dass die USA maßgeblich für die Sicherheit der europäischen Staaten zuständig sind. Dies kann den Europäern einerseits ein Gefühl der Sicherheit geben, andererseits lässt sich aber auch eine direkte Abhängigkeit der Union von der Politik und den ganz speziellen Interessen der Vereinigten Staaten von Amerika nicht verkennen.

In Zeiten des „Kalten Krieges" war diese direkte Abhängigkeit auch weniger problematisch. Der Feind war eindeutig fixiert, die Ziele stimmten weitgehend überein und die USA waren für die westeuropäischen Länder ein unverzichtbarer Garant für Frieden, Sicherheit und Freiheit.

Mit dem Zusammenbruch des Ost-Blocks, der Auflösung der Sowjetunion, der Erweiterung der Europäischen Union und dem politischen, wirtschaftlichen und militärischen Erstarken Chinas haben sich aber die geopolitischen Konstellationen und Interessen der Weltmächte verändert und es ist höchst fraglich, ob z. B. die Interessen eines künftig geeinten, politisch und wirtschaftlich starken Europas, mit vielleicht noch engen freundschaftlichen Bindungen und regen Handelsbeziehungen zu Russland und China, immer auch mit den Interessen der USA korrelieren.

Bleibt Europa unselbstständig, werden die USA auch in Zukunft die dominierende Macht gegenüber Europa sein. Diese Abhängigkeit wird genau dann, wenn die amerikanische Politik mit den Interessen und Auffassungen anderer Staaten in Konflikt gerät, auch die politischen und wirtschaftlichen Spielräume der Europäer erheblich einengen. In solchen Situationen läuft Europa Gefahr, zwischen die Fronten zu geraten und von den Großmächten zerrieben zu werden.

Aus wirtschaftlicher Sicht ist das Bild der Europäischen Union gegenwärtig nicht weniger problematisch. Europa hat weder eine gemeinsame Wirtschafts- und Sozialpolitik noch eine gemeinsame Finanz- oder Steuerpolitik. Jeder Mitgliedsstaat der Europäischen Union handelt nach eigenen Vorstellungen und zum größten eigenen Vorteil. Allein mit der europäischen Energiewirtschaft benennt man hier ein Paradebeispiel.

Dabei ist der gemeinsame europäische Binnenmarkt ohne jeden Zweifel eine Errungenschaft von historischer Bedeutung. Auf ihn beruht auch im Wesentlichen der bisherige Wohlstand der europäischen Völker. Aber dieser zunehmend liberalisierte Markt verdeutlicht auch immer mehr die bestehenden schwerwiegenden Diskrepanzen zwischen global organisierter Wirtschaft und nationalstaatlicher Politik.

Im Zuge der Liberalisierung des EU-Binnenmarktes wurden alle Barrieren für den grenzüberschreitenden Verkehr von Gütern, Dienstleistungen, Kapital und Personen systematisch abgeschafft. Da Unternehmen aber grenzüberschreitend mobil sind, war der entstehende Standortwettbewerb zwischen den Mitgliedsstaaten eine logische Folge, die mit der EU-Erweiterung natürlich auch an Brisanz gewann. Kein Staat will Unternehmen ans Ausland verlieren. Aber inländische Unternehmen vor ausländischer Konkurrenz zu schützen ist praktisch unmöglich geworden. Zölle z. B. würden nicht nur einer Diskriminierung der anderen Unionsstaaten gleichkommen, sondern auch dem europäischen Recht widersprechen. Der einzig praktikable Weg ist deshalb, den jeweiligen Standort für die Unternehmen so attraktiv wie möglich zu machen.

Da sich dies zwangsläufig alle Staaten „auf die Fahne" schreiben müssen, entsteht ein gnadenloser Standortwettbewerb in Europa, den die global organisierten Unternehmen in allen Zügen genießen.

Ein besonders beliebtes Mittel um Unternehmen zu halten oder anzulocken ist Steuerdumping. Niedrige Unternehmenssteuern sind Balsam auf die Seele eines jeden Unternehmers. Da setzt er sich in Bewegung. Dazu kommt, dass Unternehmen bisher ihre Gewinne nicht in dem Land versteuern müssen, wo sie erwirtschaftet werden. Das Steuerrecht lässt durchaus zu, die Gewinne in ein Niedrigsteuerland zu transferieren und diese dort der Steuer zu unterziehen.

In diesem Sinne ist die Einigung der Finanzminister der G20-Staaten im Juli 2021 auf eine gerechtere Verteilung der Besteuerung und auf einen weltweit einheitlichen Mindeststeuersatz von 15 Prozent[67] auf jeden Fall ein wichtiger Schritt in Richtung Zukunft, auch wenn hier zunächst vorwiegend solche Tech-Riesen wie Amazon, Google, Facebook oder Microsoft im Visier waren.

Der gegenwärtige Steuerwettbewerb ist für die einzelnen europäischen Staaten desaströs. Wenn die Unternehmen weniger oder wie bisher oft gar keine Steuern zahlen, müssen die notwendigen Steuereinnahmen verstärkt von der ansässigen Bevölkerung kommen. Diese ist weniger mobil und kann sich dem Zugriff des Staates in der Regel nicht entziehen.

Eine Harmonisierung der europäischen Unternehmenssteuern wäre an dieser Stelle der Ausweg. Derartiges ist gegenwärtig aber leider nicht in Sicht.

In diesem Zusammenhang muss auch auf die Probleme der gemeinsamen europäischen Währung eingegangen werden.

Mit dem Euro geben die Staaten der Währungsunion ihre Hoheit über die Geldpolitik an die Europäische Zentralbank (EZB) ab. Konnten die Staaten bisher die Wechselkurse zwischen inländischer und ausländischer Währung selbstständig ändern, um z. B. die Wettbewerbsfähigkeit ihrer Wirtschaft zu stärken, so sind solche Eigenmächtigkeiten jetzt nicht mehr möglich. Die Unternehmen und Länder treten so nur noch über ihre Leistungsfähigkeit in den Wettbewerb. Stützende Wechselkursmechanismen entfallen. Wirtschaftlich schwächere Länder werden in diesem

Wettbewerb zwangsläufig zu permanenten Verlierern. Diese Problematik war und ist den europäischen Wirtschaftsexperten doch nicht fremd!

Mit der Einführung des Euro ging das Zinsniveau in den Ländern der Währungsunion spürbar nach unten. Diese einmalige Chance haben die Länder Südeuropas leider weder zur Modernisierung ihrer angeschlagenen Wirtschaft noch zur Konsolidierung ihrer hoch verschuldeten Haushalte genutzt. Im Gegenteil, ganz im Stil der Kurzsichtigkeit von Demokraten von Wahl zu Wahl, haben die niedrigen Zinsen die Regierungen in diesen Ländern noch zu Steuergeschenken und erhöhten Sozialleistungen verlockt. Mit solchen Verheißungen lässt sich auch angenehmer regieren.

Der Euro schafft Reformdruck. Er diszipliniert die Regierungen, zwingt zur Konsolidierung der Staatshaushalte und zum Aufbau einer wettbewerbsfähigen Wirtschaft. Diese Prozesse brauchen allerdings neben einem echten politischen Willen auch Zeit, denn nicht alle Länder können gleichzeitig zur Weltspitze aufschließen. Die EZB mit ihren vielfältigen Maßnahmen erkauft diese Zeit. Gleiches erfolgt durch die Stützungen seitens der reichen Länder. Aber niedrige Zinsen, großflächige Anleihekäufe, Rettungsschirme u. Ä. mindern auch den Reformdruck. Deshalb ist es wichtig, dass die schwächeren Länder der Euro-Zone die erkaufte Zeit auch für Reformen nutzen und ihre Wirtschaft und ihren Haushalt auf Vordermann bringen. Die Einführung des Euro war eine politische Entscheidung. Die damit verbundenen Hoffnungen auf eine zunehmende europäische Harmonisierung in Politik, Wirtschaft und Gesellschaft sowie ein Zusammenwachsen der Länder und Völker haben sich bisher leider nicht erfüllt. Allen Erwartungen zum Trotz hat die gemeinsame Währung die europäischen Staaten noch stärker differenziert, dem Standortwettbewerb einen zusätzlichen Schub versetzt und die Abhängigkeit der nationalen Regierungen von den multinationalen Unternehmen weiter erhöht.

Mit dem Euro wurde „das Pferd vom Schwanz her" aufgezäumt. Eine Währungsunion baut auf einer politischen Union auf. Es gibt aber in Europa kein gemeinsames einheitliches Staatswesen und die Europäer lassen gegenwärtig auch keinen Willen in diese Richtung erkennen. Dies setzt dem Erfolg der gemeinsamen Währung enge Grenzen und muss sogar eine Rückkehr zu den nationalen Währungen als letzte Option offenlassen.

Die Europäische Union in ihrer jetzigen Gestalt genießt bei der überwiegenden Mehrheit der europäischen Bevölkerung ein erschreckendes Höchstmaß an Unpopularität. Das Erstarken europafeindlicher Parteien und Strömungen, niedrige Beteiligungen bei den Europawahlen, das „Nein" der Franzosen und Niederländer 2005 zur EU-Verfassung (beide sind neben Italien, Deutschland, Belgien und Luxemburg Gründungsstaaten der EU) sowie das „Nein" der Iren am 12. Juni 2008 zum Vertrag von Lissabon sprechen hier eine deutliche Sprache. Island hat die Beitrittsverhandlungen zur EU ausgesetzt, die Schweiz hat ihr 1992 gestelltes EU-Beitrittsgesuch im Juni 2016 endgültig zurückgezogen, Großbritannien ist am 31. Januar 2020 als erstes Land überhaupt aus der EU ausgetreten, in Spanien, Schottland, Belgien und Italien versuchen Separatisten die Länder zu spalten.

Seit 1999 unterschreitet die europaweite Wahlbeteiligung regelmäßig die 50 Prozent-Grenze. 2019 lag sie nach 20 Jahren erstmals wieder bei 50,66 Prozent[68], was nicht unwesentlich auf das Erstarken rechter politischer Strömungen in Europa zurückzuführen ist.

Dabei ist noch zu beachten, dass viele Mitgliedsstaaten die Europawahl zeitlich mit wichtigen nationalen Wahlen verbinden. Das Debakel könnte also durchaus noch größer sein.

Der ehemalige Präsident des Europäischen Parlaments, Herr Schulz, bewertete die Abwendung der Bürger von der EU als sehr dramatisch.[69] Im Interview mit der „WirtschaftsWoche" konkretisiert Herr Schulz diese Aussage nochmals: „Wir haben das Problem, dass genau zu dem Zeitpunkt, zu dem wir mehr Integration brauchen, Europa so unbeliebt ist wie nie."[70]

Der Soziologe Ulrich Beck geht im Gespräch mit Herrn Schulz noch weiter, wenn er feststellt, dass wir in einem Europa ohne Europäer leben. „Wir haben das abstrakte Haus der europäischen Institutionen, aber die Zimmer dieses Hauses sind menschenleer."[71]

Dabei ist der politischen Elite mit dem Vertrag von Lissabon ein echter juristischer und diplomatischer Kunstgriff gelungen. In diesen Vertrag wurden wesentliche Inhalte der gescheiterten EU-Verfassung übernommen. Indem dieser Vertrag aber die traditionelle Struktur bestehender Verträge beibehält, war es möglich ihn über die nationalen Parlamente passieren zu lassen. Der Wähler wurde bewusst ausgeschaltet. Allein die Irische Verfassung sieht diesbezüglich ein Referendum zwingend vor.[72] Am 12. Juni 2008 haben 53,4 Prozent der Iren gegen diesen Vertrag gestimmt.[73] Das einzige Referendum und ein solch niederschmetterndes Ergebnis.

In einem erneuten Referendum 2009 haben die Iren dann, genau wie vorher bereits die nationalen Parlamente, dem Vertrag von Lissabon ihre Zustimmung gegeben. So konnte er am 01.12.2009 doch noch in Kraft treten.

Können so aber die Fundamente für ein von den europäischen Völkern gemeinsam getragenes Europa gelegt werden?

Ist europäische Politik wirklich nur noch ohne ihre Bürger möglich?

In dem gepriesenen Kunstgriff der Juristen und Diplomaten zeigt sich gleichzeitig auch die größte Schwäche des Lissabonner Vertrages und der gegenwärtigen Europapolitik überhaupt.

Dokumente von solch grundlegendem Inhalt können nur erfolgreich sein, wenn sie ihre tiefe Verankerung in der Bevölkerung finden und von den Menschen mit Leben erfüllt werden. Solche Verträge gilt es deshalb vorab in die Bevölkerung zu tragen und sie zur Diskussion zu stellen. Unverständliches ist zu erklären, Skepsis auszuräumen, Vorschläge und Gedanken sind prüfend aufzunehmen. Erst wenn der Bevölkerung der Vertrag ausreichend bekannt, sie für den Inhalt sensibilisiert und vom eingeschlagenen Weg überzeugt ist, kann das Dokument zur Abstimmung gestellt werden. Eine solche Vorbereitung würde die panische Angst der Politiker vor einem Referendum erheblich mindern.

Als Multiplikatoren sind an dieser Stelle in erster Linie die Regierungen, die Parlamente, die Parteien, die gesellschaftlichen Organisationen sowie die Medien gefragt. Voraussetzung ist allerdings, dass die nationale Politik hier das erforderliche Interesse aufbringt und dass die Multiplikatoren die Vertragsinhalte selbst auch verstehen. Nur dann können diese auch gegenüber der Bevölkerung erklärend und überzeugend auftreten. Setzt man das nationale Interesse mit viel Optimismus noch voraus, so liegt im Verstehen des Vertrages schon die nächste Klemmstelle. Eine Vielzahl der infrage kommenden Multiplikatoren kennt diesen Vertrag selbst nicht bzw. kann ihn selbst auch gar nicht ausreichend verinnerlichen, geschweige denn der Bevölkerung detailliert erklären. Das ist auch keine Schande, denn wenn derartige Dokumente von Juristen für Juristen ausgefertigt werden, ist der einfache, nicht juristisch ausgebildete Abgeordnete, Parteien- oder Medienvertreter schlicht überfordert. Der allgemein gebildete Bürger steht hier völlig außen vor.

Aber Europa ist kein Haus allein für die Eliten, sondern ein Haus für die gesamte europäische Bevölkerung. Deshalb müssen solche grundlegenden Dokumente so ausgefertigt und kommentiert werden, dass sie die Bürger auch verstehen und ihr Handeln nach diesen Dokumenten ausrichten können. Es ist ein absolutes Absurdum zu glauben, dass Europa ohne die Akzeptanz und ohne die aktive Mitwirkung seiner Bürger dauerhaft stabil gestaltet werden kann.

Für das gemeinsame Haus Europa ist die europäische Bevölkerung der alles tragende Eckstein.

Natürlich erfordert die Gestaltung Europas kreative Köpfe und Regierungen, die die Entwicklung immer wieder vorantreiben, sie in entsprechende Bahnen lenken, bei Schwierigkeiten und Konflikten maßvoll gegensteuern, realistische Teilziele und Etappen formulieren, ohne dabei das Gesamtziel der Entwicklung aus dem Auge zu verlieren. Aber all dies geht nicht über die Köpfe der Völker hinweg. Europas Bevölkerung ist gebildet und selbstbewusst. Sie will gefragt und gehört werden und sie will mitbestimmen. Es gilt deshalb, die Menschen aktiv in die Gestaltungsprozesse einzubeziehen, ihnen immer wieder bewusst zu machen, dass ein gemeinsames Europa aus weltpolitischer Sicht zwingend notwendig ist, dass sie „ihr" Europa zu ihrer aller Vorteil aufbauen und dass für diese wahrhaft historische Aufgabe die aktive, schöpferische Mitarbeit aller Europäer dringend notwendig ist.

Dies gelingt aber in der Praxis bisher nur völlig ungenügend. Die europäische Politik findet keine hinreichende Verankerung in den Volksmassen. Hier schwelt ein Konflikt, der mit der zahlenmäßigen Zunahme der Mitgliedsstaaten immer deutlicher hervortritt. In diesem Sinne müssen die nachfolgend zitierten Einschätzungen, auch wenn sie nicht immer vollständig geteilt werden, zu einem tiefgründigen Nachdenken über die angesprochene Problematik anregen:

„Das Kernproblem besteht darin: In der europäischen Politik hat bisher eine kleine Zahl von Politikern über die Köpfe der Bürger hinweg entschieden. Die Bürger aber haben ein untrügliches Gespür dafür, dass die politische Klasse dabei zuallererst an ihre eigenen Belange denkt und nicht an die Interessen, Wünsche und Ängste der Menschen."[74]

„Europa ist von Anfang an ein Geschöpf der Eliten."[75]

„In Europa geben drei große Gruppen von Funktionären den Ton an; sie teilen die politische Macht und die Herrschaft unter sich auf:

O die politische Elite und die politische Klasse,
O die Bürokraten und
O die Manager von Großunternehmen und Lobbyisten von Interessenverbänden.

Die Macht der politischen Elite: Europa ist von Regierungen für Regierungen geschaffen."[76]

Die Bürger empfinden die Europäische Union weniger als eine unabdingbare Notwendigkeit, um in einer globalen multipolaren Welt künftig überhaupt bestehen zu können, sondern vielmehr als ein bürokratisches übergeordnetes Gebilde, das zusätzliche Probleme schafft und in seiner Gesamtheit nicht funktioniert. Europa ist im Grunde nur dann interessant, wenn von Brüssel Geld zu erwarten ist.

Jean-Claude Juncker fasste als Vorsitzender der EURO-Gruppe das Grundprinzip, mit dem die Europäische Union Politik macht, wie folgt zusammen: „Wir beschließen etwas, stellen das dann in den Raum und warten einige Zeit ab, ob was passiert. Wenn es dann kein großes Geschrei gibt und keine Aufstände, weil die meisten gar nicht begreifen, was da beschlossen wurde, dann machen wir weiter Schritt für Schritt, bis es kein Zurück mehr gibt."[77]

Wie aber soll es gelingen, die Menschen stärker in die europäischen Gestaltungsprozesse einzubeziehen und zu einer europäischen Meinungs- und Willensbildung zu kommen, wenn es praktisch überhaupt keine europäische Öffentlichkeit gibt?

Die Kommunikation der Nationen und Bevölkerungsgruppen untereinander ist völlig unterentwickelt, europäische Zeitungen, Rundfunk- und Fernsehanstalten fehlen, von wirklichen europäischen Parteien und Gewerkschaften ganz zu schweigen. Was in

Brüssel und Europa passiert, erfährt die europäische Bevölkerung sorgfältig gefiltert, über die eigenen nationalen Medien oder die nationale Politik. Die Sprachlosigkeit der europäischen Völker untereinander öffnet dem Subjektivismus Tor und Tür.

Nur durch die direkte Kommunikation der Europäer entwickelt sich ein gegenseitiges Verstehen, kommt es zur Problemdiskussion, zu einem echten politischen Diskurs, zur Willensbildung und zur Herausbildung einer öffentlichen Meinung. Die europäische Öffentlichkeit ist für die Herausbildung einer europäischen Identität, eines europäischen Staatsvolkes und einer lebendigen europäischen Demokratie von absolut existenzieller Bedeutung.

Wie aber soll eine lebendige europäische Öffentlichkeit entstehen, wenn sich die übergroße Mehrheit der Europäer untereinander überhaupt nicht verständigen kann?

In welcher Sprache sollen denn europäische Zeitungen erscheinen, europäische Rundfunk- und Fernsehanstalten senden oder europäische Parteien, Gewerkschaften u. a. gesellschaftliche Organisationen verhandeln, streiten oder feiern?

Europa gleicht nicht nur staatlich, sondern auch sprachlich einem Flickenteppich. Fast jedes europäische Volk hat im Verlauf der Geschichte seine ganz eigene Sprache entwickelt. Die jeweilige Muttersprache wurde zum wichtigsten Unterscheidungsmerkmal zwischen den europäischen Völkern. Sie diente wesentlich zur direkten Abgrenzung zwischen den einzelnen Volksgruppen und zur Manifestierung der jeweiligen Macht- und Einflusssphären. Daran hat sich auch bis heute nichts Wesentliches geändert.

Eine gemeinsame verbindliche europäische Amtssprache gibt es bisher nicht. So gelten gegenwärtig in der Europäischen Union 24 Sprachen als Amtssprache; Tendenz bei Erweiterung steigend. Darüber hinaus gibt es 60 Regional- und Minderheitensprachen. Über 40 Millionen Menschen sprechen gewöhnlich eine Regional- oder Minderheitensprache.[78] Neben dem lateinischen Schriftsystem, welches zweifellos in Europa am weitesten verbreitet ist, findet auch das Kyrillische (z. B. in Bulgarien) und das Griechische (z. B. in Griechenland) Anwendung.

Diese Sprachenvielfalt hemmt die Entwicklung einer breiten europäischen Öffentlichkeit. Sie wirkt dem Zusammengehörigkeitsgefühl der Europäer und der Herausbildung eines europäischen Staatsvolkes sowie der europäischen Migration entgegen.

Andererseits hat die Europäische Union an ihrem negativen Charisma und an Einschätzungen, wie: „Die Briten [...] betrachten Europa als Quell lästiger und unternehmerfeindlicher Bürokratie"[79] zum großen Teil auch selbst schuld.

Sind denn Probleme wie: die Krümmung der Gurke, die Abschaffung von Olivenölkännchen auf Restauranttischen, ein Verbot der konventionellen Glühlampe, die Verkürzung der TÜV-Zyklen für Personenkraftwagen, die Gestaltung von Duschköpfen oder die europaweite Regelung der Leistung bei Staubsaugern wirklich so schwerwiegend, dass sie sich Brüssel auf den Tisch ziehen bzw. von den Lobbyisten auf den Tisch schieben lassen muss?

Wo ist hier denn die Subsidiaritätskontrolle?

Zurück mit diesem Unsinn an die Mitgliedsstaaten!

Wenn Spanien, Italien, Portugal und Griechenland (dies sind übrigens auch die größten Olivenölproduzenten der EU – die Agrarlobby lässt also grüßen) das Olivenölkännchen im Restaurant verbieten wollen, können sie dies ja in ihren Ländern durchsetzen.

Verschwiegen wird der europäischen Bevölkerung allerdings, dass die Mitgliedsstaaten der Europäischen Kommission ausdrücklich einen Auftrag zur Klärung dieses Unsinns erteilt haben. Über das „Hochdrücken" von unliebsamen und unpopulären Problemen, „Problemchen" und Entscheidungen oder direkter medienwirksamer Nichtigkeiten, tragen die Nationalstaaten mit voller Absicht das Übrige zum Bild der EU bei.

Unter dem Motto: Alles Gute kommt von uns und alles Schlechte von den Bürokraten aus Brüssel, lässt es sich zu Hause wesentlich angenehmer regieren. In den Köpfen der Bürger aber wird das Bild der Europäischen Union immer diffuser.

Dass sich die gegenwärtigen politischen, wirtschaftlichen und gesellschaftlichen Probleme der EU sowie die fehlende Bürgerakzeptanz über die Zeit im Selbstlauf klären, ist nicht zu erwarten. Hier handelt es sich nicht um oberflächliche Erscheinungen, sondern um Probleme von grundlegender Natur. Auch haben die ablehnenden Referenden in Frankreich, den Niederlanden und Irland keine Krise in der EU ausgelöst, sondern nur eine längst bestehende Krise stichtagsbezogen allen vor Augen geführt.

Die EU ist mit ihren funktionellen und institutionellen Strukturen, die im Wesentlichen noch auf den Gegebenheiten vor 1989 basieren, den Herausforderungen der Zukunft nicht gewachsen. Mit jetzt 27 und künftig vielleicht noch mehr Mitgliedsstaaten ist diese Organisation restlos überfordert. Lobenswert sind deshalb zunächst alle Initiativen proeuropäischer Kräfte, die immer wieder Aufrütteln und Vorschläge mit dem Ziel einbringen, die Handlungsfähigkeit und die weltpolitische Stellung der Union zu stärken. Aber all diese Initiativen sind letztlich nur Quantitäten. Es sind vorsichtige und behutsame Schritte, um das Bestehende wenigstens teilweise den Realitäten anzupassen und die Union überhaupt zu erhalten. Es sind vorsichtige und behutsame Schritte mit stets weitreichenden Zugeständnissen und Kompromissen, um bei dem jeweiligen Problem überhaupt noch eine Einigung zu erreichen. Aber dieses Taktieren und diese großzügige Kompromissbereitschaft haben ihren Preis. Es verwischt Ziele, Aufgaben, Zuständigkeiten und Verantwortung, bläht Strukturen unverhältnismäßig auf und bringt in der Sache kaum noch Fortschritte.

Auch wenn es höchst fraglich ist, ob der ehemalige Außenminister der USA, Henry Kissinger, die ihm zugeordnete Frage: „Wen rufe ich denn an, wenn ich Europa anrufen will?" überhaupt gestellt hat, charakterisiert sie doch treffend das institutionelle Chaos der Europäischen Union. Selbst das Nobelpreis-Komitee hatte Probleme, die kompetente Person in der EU ausfindig zu machen, der die Entscheidung über die Verleihung des Friedensnobelpreises zu überbringen ist. Auch „Sofa-Gate", wo der türkische Staatspräsident Erdogan im April 2021 bei einem Besuch einer hochrangigen Delegation der EU in der Türkei den EU-Ratspräsidenten in Ankara neben sich auf einem repräsentativen Stuhl platzierte und die EU-Kommissionspräsidentin „kilometerweit" abseits auf einem Sofa, wäre bei eindeutigen Führungsstrukturen gar nicht möglich gewesen.

Die Europäische Union hat keinen obersten Repräsentanten, z. B. in Form eines Präsidenten, der die Gemeinschaft nach innen und außen vertritt. Im Kern ist alles so organisiert, dass zumindest bei allen wichtigen Belangen, die Kompetenz und damit auch die Letztentscheidung bei den Mitgliedsstaaten bleibt. Unter diesen Vorzeichen ist auch nicht verwunderlich, dass die Amerikaner die EU als Gesprächspartner nicht ernst nehmen und z. B. im Spionage-Skandal der NSA lieber gleich bilateral mit den europäischen Staaten sprechen wollen.[80]

Die EU in ihrer heutigen Gestalt ist einfach kein kompetenter gleichwertiger Partner. Man kann mit ihr auf internationaler Ebene nichts abschließend klären.

Europas Zukunft ist im hohen Maße abhängig von seiner politischen, wirtschaftlichen und gesellschaftlichen Einheit und von seiner Souveränität. Europa wird nur dann ein gewichtiges Mitglied der globalen multipolaren Welt sein, wenn es nach außen und innen geschlossen auftritt und seine politischen, wirtschaftlichen und gesellschaftlichen Interessen selbst bestimmen, durchsetzen und

DIE EINORDNUNG EUROPAS

verteidigen kann. Dies verlangt sowohl nach einer einheitlichen, souveränen europäischen Außen- und Sicherheitspolitik mit einem europäischen Außenminister, einem europäischen Innenminister, einem europäischen Verteidigungsminister und einem auf Verteidigung ausgerichteten, aber über eigene Führungs- und Befehlsstrukturen verfügendes Armeekorps als auch nach einer einheitlichen europäischen Wirtschafts-, Finanz-, Währungs- und Umweltpolitik.

Ein solches Verlangen zwingt gleichzeitig zur Zentralisierung substanzieller Aufgaben und Entscheidungen bei der Europäischen Union sowie zur Übertragung der hierfür notwendigen Befugnisse. Es erfordert auf europäischer Ebene den Aufbau von Fachministerien, die entsprechend ihren Ressorts die Union nach außen vertreten und nach innen an die Mitgliedsstaaten verbindliche Vorgaben und Entscheidungen geben. Dieser Schritt führt die Europäische Union in eine neue Qualität; in einen souveränen, demokratischen europäischen Staat im verfassungsrechtlichen Sinne.

Der gemeinsame souveräne, demokratische, europäische Staat mit dem Namen

„Europäische Union"

fördert die Herausbildung einer breiten demokratischen europäischen Öffentlichkeit und führt die europäischen Völker sowohl über gemeinsame Ziele und Aufgaben als auch durch eine gemeinsame Staatsbürgerschaft, eine gemeinsame Amtssprache und ein völkerübergreifendes solidarisches Handeln zusammen. In seinem Wesen und Handeln orientiert er sich an der Charta der Vereinten Nationen und definiert in diesem Sinne seinen innen- und außenpolitischen Charakter.

Der europäische Staat sichert der Politik auf europäischer Ebene das Primat gegenüber der Wirtschaft. Er ist aber weder auf Grund seiner Größe, Bevölkerungszahl, Leistungskraft, militärischen Präsenz noch aus irgendwelchen anderen Gründen ein angsterregender „Superstaat", sondern fügt sich hinsichtlich seiner Dimension und Stärke würdig in die globale multipolare Welt ein.

Der europäische Staat ist notwendig, damit Europa ein stabiles, verlässliches und gewichtiges Mitglied der Weltgemeinschaft wird und seine demokratischen Erfahrungen sowie seine politischen, wirtschaftlichen und kulturellen Leitbilder auch wirkungsvoll in die neue Weltordnung einbringen kann. Dieser Staat ist notwendig für eine sichere und erfolgreiche Zukunft des Kontinentes, auch wenn er sowohl der internationalen Staatengemeinschaft als auch dem europäischen Souverän, schon allein aufgrund der Geschichte, ein hohes Maß an Einsicht in die Notwendigkeit abverlangt.

Wie vorn bereits bemerkt, ist Europa gegenwärtig aber weiter denn je von einer solchen staatlichen Einigung entfernt und es wäre regelrecht blauäugig, dies in der Realität nicht wahrzunehmen.

Europa ist in einem Zustand, wo es nicht nur Gefahr läuft, den Anschluss an die moderne globale, multipolare Welt zu verlieren, sondern es ist auch drauf und dran, bereits Erreichtes leichtfertig zu verspielen. Allein der Austritt Großbritanniens aus der Europäischen Union versetzt dem europäischen Einigungsprozess einen gewaltigen Rückschlag.

Dass die Europäische Union für viele regionale Zusammenschlüsse von Staaten auf unserer Erde, so z. B. der Afrikanischen Union oder der Association of Southeast Asian Nations (ASEAN), als Vorbild dient, sei hier nur ergänzend erwähnt. Auch diese Vorbildfunktion verpflichtet Europa.

Die globale multipolare Welt entwickelt sich derart rasant, dass Europa für seine Gestaltung und Positionierung nicht unendlich viel Zeit bleibt.

Deshalb: Europäer wacht auf!

Lasst den Kontinent nicht in Bedeutungslosigkeit versinken. Legt den tödlichen Nationalismus ab, schließt euch solidarisch zusammen und nehmt eure Zukunft gemeinsam in die Hand.

In einer globalen multipolaren Welt muss Europa mehr sein als ein ökonomisch denkender Staatenbund, wo für jeden Staat der nationale Vorteil im Zentrum allen Tun und Handelns steht. Europa muss vielmehr zu einer echten Werte- und Solidargemeinschaft der Völker werden. Jedes europäische Land und jedes europäische Volk braucht das gemeinsame Haus Europa. Die Krisen der letzten Jahre haben dies noch einmal eindrucksvoll jedem vor Augen geführt. In einer globalen multipolaren Welt ist Europa entweder gemeinsam stark oder gespalten schwach.

Trotz dieser eindeutigen Situation ist nicht zu erwarten, dass die etablierte nationale Politik für die Zusammenführung der Europäer in einem gemeinsamen europäischen Staat die entscheidenden Impulse setzt. Dafür sind ihre nationalen Interessen zu verfestigt.

Nein, die entscheidenden Impulse für den Zusammenschluss der europäischen Völker in einem gemeinsamen europäischen Staat müssen von der Basis, also von den europäischen Bürgern selbst kommen. Gleichgesinnte müssen sich länderübergreifend z. B. in Bürger- bzw. Zivilgesellschaften organisieren, den Schulterschluss mit allen progressiven gesellschaftlichen Kräften suchen und in einer beispiellosen Kampagne die europäischen Völker für die Einheit Europas mobilisieren. Die Medien müssen diese Kampagne entsprechend unterstützen. Hier liegt für sie eine echte zukunftsorientierte Aufgabe. Zu fördern ist alles, was den Geist der europäischen Einigung vorwärtstreibt.

Dieser gesellschaftliche Aufbruch wird über die Zeit die breite Masse der Europäer ergreifen und von der Richtigkeit des eingeschlagenen Weges überzeugen. Er wird den nationalen Egoismus von unten heraus ersticken und den Weg für einen souveränen demokratischen europäischen Staat frei machen.

4.2 Der europäische Staat

In den nachfolgenden Ausführungen wird auf den souveränen demokratischen europäischen Staat

„Europäische Union", näher eingegangen.

Vorgestellt wird ein Grundkonzept, das Wesen, Funktion und Aufbau des Staates sowie das demokratische Zusammenwirken der Staatsorgane charakterisiert, die ordnende Kraft des Staates gegenüber allen anderen Bereichen und Teilen der Gesellschaft bei strikter Wahrung von Demokratie und Rechtsstaatlichkeit sichert, die europäischen Völker mit ihren vielschichtig unterschiedlichen Interessen, Gefühlen, Kulturen und historischen Erfahrungen nicht verletzt; sie aber unter dem Blickwinkel eines geeinten, politisch und wirtschaftlich starken Europas in einer globalen multipolaren Welt zu gesunden, konstruktiven Kompromissen auffordert.

Die Betonung liegt dabei stets auf Grundkonzept, da alles andere den hier verfügbaren Rahmen sprengen würde. In diesem Sinne soll das Vorgeschlagene auch zu Diskussionen und Vervollkommnung anregen.

Europa, unsere Heimat, muss ein gleichwertiger Partner der globalen multipolaren Weltordnung werden. Gefragt ist deshalb der Mut der Willigen, der Teil der europäischen Gesellschaft, der die Notwendigkeit zur Formierung eines souveränen demokratischen europäischen Staates erkennt, die Initiative ergreift und die entsprechenden Schritte dazu zielstrebig einleitet.

4.2.1 Das Wesen des europäischen Staates

Der europäische Staat „Europäische Union" ist eine souveräne demokratische Republik. Die Grundlagen der Gesellschafts- und Staatsordnung sind in der Verfassung geregelt.

Der europäische Staat rekrutiert sich vorrangig aus den Nationalstaaten, die auch geografisch zum europäischen Kontinent gehören. Diese Staaten haben sich aus freiem Willen für den gemeinsamen Staat entschieden, kennen seine Verfassung an und sind gewillt, die nationalen Interessen den europäischen Interessen unterzuordnen.

Mit der Gründung des europäischen Staates geben die Mitgliedsländer dieses Staates ihre bisherige Souveränität auf. Sie geht in den europäischen Staat über. Das Unionsrecht ist dem Recht der Unionsländer übergeordnet und für diese Länder bindend.

Die Staatsbürgerschaft ist: „Europäische Union", die Nationalität: „Europäer", die gemeinsame Währung: „Euro", die gemeinsame verbindliche Amtssprache: „Englisch".

Die politische Zuordnung der Nationalität wird bevorzugt, um herkunftsbedingte Voreingenommenheit und kulturelle Konflikte zu vermeiden, das Zusammengehörigkeitsgefühl der Menschen zu stärken und so die Herausbildung eines europäischen Staatsvolkes mit eigener Identität zu fördern.

Der europäische Staat mit einer Größe von ca. 4,3 Millionen km² und rund 450 Millionen Menschen ist ein Staat der europäischen Bürger, der sich mit Größe, Bevölkerungszahl und Leistungsstärke würdig in die globale multipolare Welt einordnet.

In diesem Staat geht alle Staatsgewalt vom Volke aus. Er basiert auf dem Grundsatz der Gewaltenteilung; der Trennung von Legislative, Exekutive und Judikative. Über diesen Grundsatz sind Machtkonzentrationen zu verhindern und bürgerliche Freiheiten rechtsstaatlich zu sichern.

Ansehen, Autorität und Zukunft des europäischen Staates liegen in seinem friedfertigen, weltoffenen Handeln, in seinem demokratischen Wesen und seinen demokratischen Strukturen, in seiner Einheit, Souveränität, Leistungskraft, sozialen Gerechtigkeit und der solidarischen Verbundenheit mit den Völkern dieser Welt. Letz-

teres findet seinen ganz besonderen Ausdruck in der engen, freundschaftlichen und konstruktiven Zusammenarbeit mit den Vereinten
Nationen.

Der europäische Staat stellt sich den Herausforderungen einer globalen multipolaren Welt und bekennt sich:

○ zu den grundlegenden Menschenrechten und Freiheiten,
○ zur Meinungs-, Presse-, Bildungs- und Religionsfreiheit,
○ zur Freiheit der Parteien und der Gewerkschaften, soweit diese
  mit der freiheitlich-demokratischen Grundordnung in Einklang
  stehen,
○ zum Schutz und zur Achtung nationaler Minderheiten und eth-
  nischer Gruppen sowie
○ zum internationalen Völkerrecht.

Der europäische Staat ist ein Vielvölkerstaat. Die Vertretung der
einzelnen Völker und Volksgruppen erfolgt gleichberechtigt.
  Europas Sozialordnung basiert auf Toleranz und gegenseitiger
Achtung. In diesem Staat können unter Wahrung der allgemeinen
Staatsgesetze Menschen unterschiedlicher Nationalitäten, Kulturen, Religionen, Traditionen und Hautfarbe gleichberechtigt, frei
und in Frieden zusammenleben. Das ausdrückliche Bekenntnis des
Staates zur religiösen Neutralität sichert unter Vorbehalt der allgemeinen Staatsgesetze die Religionsfreiheit des Einzelnen sowie die
Autonomie der Religionsgemeinschaften. Die Trennung von Kirche
und Staat ist in der Verfassung verbrieft.

Der europäische Staat bestimmt unter Achtung der Ziele, Aufgaben
und Beschlüsse der Vereinten Nationen selbstständig über seine Au-
ßen-, Sicherheits-, Verteidigungs- und Bündnispolitik. Er verfügt weiterhin über ein streng auf Verteidigung ausgerichtetes Armeekorps

mit selbstständigen Führungs- und Befehlsstrukturen. Die Atomwaffen Frankreichs gehen im Sinne der europäischen Sicherheitsgemeinschaft in die Befehlsgewalt des europäischen Staates über.

Europa nimmt ausgehend von seiner geopolitischen Einordnung stets eine ausgleichende und vermittelnde Funktion zwischen den anderen Weltmächten ein. Es darf niemals selbst in Hegemoniebestrebungen verfallen, sich leichtfertig in Konflikte verwickeln lassen oder anderen Mächten für kriegerische Auseinandersetzungen als Vorposten dienen. Europa unterstützt die friedenserhaltenden und friedensfördernden Maßnahmen der Vereinten Nationen und trägt aktiv zur Krisenprävention bei. Für verfeindete Parteien bietet der europäische Staat stets eine neutrale Verhandlungsplattform.

Der europäische Staat bekennt sich zu den gesellschaftlichen Zielstellungen des globalen Wirtschaftens und daraus abgeleitet zur „Regulierten internationalen Marktwirtschaft". Damit wird Europa zwangsläufig integraler Bestandteil einer übergeordneten regulierten Weltwirtschaft. Dies sichert der europäischen Wirtschaft Kontinuität und Stabilität über die Tagespolitik und Legislaturperioden hinaus; verlangt gleichzeitig aber auch die Einhaltung von Beschlüssen, Vorgaben und Richtlinien der Vereinten Nationen und hier speziell des Weltwirtschaftsrates.

Der europäische Staat ist streng nach dem Subsidiaritätsprinzip organisiert. Dies sorgt für eine funktionierende Aufgaben- und Kompetenzverteilung zwischen den Unionsorganen, den Unionsländern und den Kommunen. Starke, mit einem hohen Maß an Eigenverantwortung ausgestattete Kommunen sind ein Markenzeichen des neuen Europas. Eine starke lokale Ebene fördert die aktive Einbeziehung, Mitarbeit und Mitbestimmung der Bürger, schafft Bürgernähe und trägt wesentlich zur Herausbildung einer selbstbewussten demokratischen Öffentlichkeit bei.

Es gilt, Trennendes zwischen den Ländern und Regionen ziel-strebig zu überwinden und gleichzeitig der Entwicklung ihrer Vielfalt und Besonderheiten Raum zu lassen. Dabei hemmt eine hohe Selbstständigkeit der Länder, Regionen und Kommunen weder die ordnende Kraft des Staates noch das innergemeinschaftliche solidarische Handeln, z. B. in Hinblick auf eine möglichst gleichmäßige Entwicklung der Unionsländer.

Die Erarbeitung der Verfassung erfolgt durch anerkannte und befähigte Persönlichkeiten der Staaten, die sich zu einem gemeinsamen souveränen demokratischen europäischen Staat bekennen. Diese Persönlichkeiten werden von den jeweiligen nationalen Parlamenten gewählt. Sie selbst müssen keine Parlamentarier sein, aber wahlberechtigte Bürger des jeweiligen Landes.

Der Verfassungsentwurf ist den Europäern zugänglich und wird in der Öffentlichkeit einer breiten Diskussion unterzogen. Die Bürger werden so frühzeitig für die Verfassung und deren Inhalt sensibilisiert und lernen Notwendigkeit, Wesen, Aufgaben und Funktionen des europäischen Staates sowie die Möglichkeiten der demokratischen Mitbestimmung genau kennen.

Die Bevölkerung ist hier ausdrücklich zur aktiven Mitwirkung aufgefordert. Ergänzungen, Änderungen oder zusätzliche Gedanken können an den verfassungsgebenden Konvent zur Prüfung eingereicht werden.

Je engagierter sich die Bürger in ihre Verfassung einbringen, desto besser werden sie sich später mit Staat und Recht identifizieren.

All dies setzt natürlich voraus, dass die Europäer ihre Verfassung auch verstehen können. Die Verfassung des souveränen demokratischen Staates „Europäische Union" ist keine Verfassung von Juristen für Juristen oder für die gesellschaftliche Elite, sondern eine Verfassung für die europäischen Bürger. Unter diesem Aspekt muss sie auch verfasst und ausgefertigt werden.

Die Annahme der Verfassung erfolgt in den Unionsländern grundsätzlich durch Volksentscheid. Damit erhält der europäische Staat eine eindeutige Legitimation.

4.2.2 Höchste Organe und Repräsentanten

Der oberste Volksvertreter und Repräsentant des souveränen demokratischen Staates „Europäische Union" ist:

Der Präsident (Unionspräsident).

Der Unionspräsident vertritt den europäischen Staat völkerrechtlich, garantiert seine Einheit und Unabhängigkeit sowie das ordnungsgemäße Arbeiten der demokratischen Institutionen. Das Amt des Präsidenten und die Person vermitteln der europäischen Bevölkerung Vertrauen, Stabilität und Zuversicht. Amt und Person stehen für ein friedliches und solidarisches Miteinander und für eine gleichberechtigte Integration der europäischen Völker.

Der Unionspräsident ist Oberbefehlshaber der Streitkräfte des europäischen Staates. Ein Einsatz der Streitkräfte erfolgt nur zur Verteidigung des Staates und auf Anfrage der Vereinten Nationen, z. B. im Rahmen von friedenserhaltenden oder friedensfördernden internationalen Maßnahmen. In beiden Fällen muss das europäische Parlament seine ausdrückliche Zustimmung oder Ablehnung erteilen.

Aufgrund der außerordentlichen Schwere und Tragweite dieser parlamentarischen Entscheidung steht dem Unionspräsidenten in diesem speziellen Fall ein Vetorecht in der Form zu, dass er den Abgeordneten nach erfolgter Abstimmung seinen Standpunkt zur aktuellen Situation und Entscheidung im Parlament noch einmal persönlich vortragen kann. Die Abgeordneten sind dann erneut zur Abstimmung aufgefordert. Die jetzt getroffene Entscheidung ist vom Präsidenten zu akzeptieren und seinerseits z. B. die Mobilmachung und der Einsatz der Streitkräfte zur Landesverteidigung bzw. die Entsendung der Streitkräfte für Maßnahmen der Vereinten Nationen anzuordnen.

Der Unionspräsident wird nach einem einheitlichen Wahlverfahren in allgemeiner, unmittelbarer und geheimer Wahl direkt von den wahlberechtigten Bürgern des europäischen Staates für fünf Jahre gewählt (Direktwahl). Zur Wahl müssen stets mindestens zwei Kandidaten stehen. Wählbar sind alle wahlberechtigten Bürger, die das 50. Lebensjahr vollendet haben. Die Wiederwahl ist unbeschränkt möglich.

Für die uneingeschränkte Wiederwahl wurde sich insbesondere aus folgenden Gründen entschieden:

Mit dem Staatsoberhaupt verbinden die Bürger eine Person, die in der Vielfalt der Situationen sowohl Besonnenheit, Klugheit, Standhaftigkeit und Verlässlichkeit beweist als auch Schutz, Sicherheit, Geborgenheit und Vertrauen vermittelt. Von Amt und Person müssen Intellekt, Autorität, Gerechtigkeit, Vernunft sowie eine echte Liebe zum eigenen Volk und den anderen Völkern ausstrahlen. All dies entsteht aber nicht per Dekret, durch die Zugehörigkeit zu einer Partei oder durch Vorlage eines Lebenslaufes. Ein derartig tiefes Vertrauen zwischen Volk und Amtsträger muss sich entwickeln. Dies benötigt Zeit und in gewisser Weise auch entsprechende Bewährungssituationen.

An dieser Stelle ist deshalb ein Blick auf die europäischen Monarchien unumgänglich. Die außerordentliche Beliebtheit und tiefe Verankerung der europäischen Königshäuser in den jeweiligen Völkern resultiert doch nicht, wie man vielleicht oberflächlich annehmen könnte, aus dem modischen Hut der Königin, dem schicken Kleid der Prinzessin oder der Klatschpresse, sondern sind Ausdruck eines über lange Zeit gewachsenen Vertrauens zwischen Volk und Krone.

So stehen z. B. die Worte der Gemahlin Georgs VI. (von 1936 bis 1952 König des Vereinigten Königreiches von Großbritannien und Nordirland): „The princesses cannot go without me, I cannot go without the King and the King will never go"[81] und die damit verbundene Entscheidung der königlichen Familie, während der Bombardements Londons im Zweiten Weltkrieg nicht ins sichere Exil nach Kanada zu gehen, bis heute für Vertrauen, Zuverlässigkeit, Mut und Sicherheit des Hauses Windsors gegenüber dem Volk.

Auch in Spanien musste sich nach der Franco-Diktatur der König als Staatsoberhaupt erst bewähren. Die Wiedereinführung der Monarchie 1975 und die anschließende Demokratisierung des Landes gingen keineswegs mit einem Vertrauensvorschuss einher. Erst mit der Vereitlung des rechtsgerichteten Putschversuches 1981 und einem klaren Bekenntnis zur Demokratie hatte Juan Carlos I. die Herzen der Spanier endgültig erobert.

Niemand weiß besser als die Briten selbst, dass ihre Königin Elisabeth II. so eine Art Geheimwaffe für Volk und Regierung ist. Sie kann integrieren und bringt auch dann noch Menschen und Völker zusammen, wenn in der Politik nichts mehr zu gehen scheint. Lange diplomatische Erfahrungen, bewiesene Standhaftigkeit und Kontinuität sowie ein unerschütterliches Vertrauen in das Wort dieser Person öffnen Türen, wozu andere längst keinen Schlüssel mehr haben.

Aber die Royals berühren noch eine ganz andere Seite der Gesellschaft. Eine wichtige Seite, die Republiken vielfach vernachlässigen. Es ist die emotionale Ebene der Gesellschaft. Es ist die Sehnsucht der Menschen nach etwas Beständigem in unserer schnelllebigen Zeit, nach dem Erhalt kultureller Werte und Traditionen in unserem immer schlichter werdenden Leben. Gerade in Europa stehen die Monarchien auch für Kultur, Tradition und Glanz. Das Volk orientiert sich an diesen Persönlichkeiten. Es freut sich und leidet mit ihnen. Bei Feierlichkeiten, Besuchen, Veranstaltungen oder anderen Ereignissen der Royals braucht niemand bestellt zu werden. Die Menschen kommen in Scharen von ganz allein. An dieser Stelle haben dann auch der besondere Hut und das elegante Kleid ihre nicht zu unterschätzende Bedeutung. Sie geben Orientierung und setzen Trends.

Diese Persönlichkeiten werden von der überwiegenden Mehrheit ihres Volkes ganz einfach geliebt. Diese Liebe ist es auch, die menschliche Schwächen und kleinere Sünde, die die Königs- und Fürstenhäuser von Schweden über Großbritannien und Spanien bis nach Monaco durchziehen, ganz einfach verzeiht.

Nun geht es hier nicht darum, den europäischen Staat von einer Republik in eine Monarchie zu verwandeln, aber es gilt zu erkennen, welche herausragende Stellung gerade das Amt des Unionspräsidenten für die Integration und den Zusammenhalt der europäischen Völker und für die Integration des europäischen Staates in die internationale Gemeinschaft hat. All dies basiert im Kern auf Vertrauen und Liebe zwischen Amt und Volk; und nichts ist für die Einigung Europas wichtiger als dieses Vertrauen.

Genau hier liegt aber ein wesentliches Problem der Demokratien. In einer Demokratie kommen und gehen Personen und Regierungen mit den Wahlzyklen. In dieser Zeit eine tiefgründige Vertrauensbasis aufzubauen ist vielfach schwierig, zumal glücklicherweise auch nicht jede Amtszeit außergewöhnliche Bewährungssituationen beinhaltet. Gleichfalls ist es problematisch dieser Thematik mit grundsätzlich verlängerten Amtszeiten zu begegnen, denn ist z. B. ein Präsident seinen Aufgaben wider Erwarten nur ungenügend gewachsen, so ist eine übliche Amtszeit von 4 oder 5 Jahren mehr als genug.

In Abwägung der jeweiligen Vor- und Nachteile wird deshalb darauf orientiert, die Wiederwahl des Unionspräsidenten nicht zu beschränken. Das europäische Wahlvolk selbst soll alle 5 Jahre in einer direkten Wahl und im Zusammenhang mit mindestens einem

Gegenkandidaten über die Zukunft seines bisherigen Präsidenten entscheiden. Dies wird auch den Amtsinhaber zu einer stetigen Verbesserung seiner Amtsausführung anspornen.

Das Parlament ist die höchste Volksvertretung des souveränen demokratischen Staates „Europäische Union". Es ist Träger der Legislative und Kontrollorgan der Exekutive.

Die Abgeordneten des Parlamentes werden in allgemeiner, unmittelbarer und geheimer Wahl von den wahlberechtigten Bürgern des europäischen Staates auf 5 Jahre gewählt. Wahlberechtigt ist, wer das 18. Lebensjahr vollendet hat; wählbar ist man mit dem 21. Lebensjahr. Das Parlament wählt seinen Präsidenten, die Stellvertreter und Schriftführer. Der Parlamentspräsident übt das Hausrecht und die Polizeigewalt im Parlamentsgebäude aus.

Der europäische Staat ist ein Staat der europäischen Bürger. Es ist deshalb sorgfältig darauf zu achten, dass sich das überaus breite Spektrum der europäischen Bevölkerung auch in den parlamentarischen und staatlichen Institutionen wiederfindet. Lassen wir also in erster Linie den Juristen die Kanzlei, den Lehrern die Schule und den Theologen die Kirche.

Der Unionsrat ist die Vertretung der Unionsländer. Er ist gegenüber dem Parlament keine gleichberechtigte zweite Kammer; hat aber Gesetzesinitiative.

Die Anzahl der Personen, die ein Land in den Unionsrat entsenden kann, ist abhängig von dessen Einwohnerzahl. Jedes Mitglied hat eine Stimme. Die Mitgliedschaft beträgt 5 Jahre. Gesetzte Mitglieder des Unionsrates sind die Regierungschefs der Länder. Die weiteren Mitglieder des Rates werden von den jeweiligen Parlamenten der Unionsländer gewählt, wobei die Kandidaten nicht Mitglied des jeweiligen Landesparlamentes sein müssen. Über diesen Weg können auch Persönlichkeiten außerhalb der aktiven Politik oder die Vertreter von Minderheiten den Weg in den Unionsrat finden.

Die Mitglieder des Unionsrates wählen aus ihrer Mitte den Vorsitzenden mit einfacher Mehrheit für jeweils 2 Jahre. Eine Rotation des Vorsitzes ist anzustreben.

Die Regierung des europäischen Staates besteht aus dem Ministerpräsidenten und den Fachministern. Der Ministerpräsident ernennt einen Fachminister zu seinem Stellvertreter. Die Regierung ist gegenüber dem Parlament rechenschaftspflichtig.

Der Ministerpräsident bestimmt die Richtlinien der Politik und trägt dafür die volle Verantwortung. Im Rahmen dieser Richtlinien leitet jeder Fachminister seinen Geschäftsbereich selbstständig und in eigener Verantwortung.

Das Amt des Ministerpräsidenten und der Fachminister ist unvereinbar mit einem anderen besoldeten Amt oder einer auf Gewinn orientierten Tätigkeit und unvereinbar mit der Wahrnehmung eines Parlamentsmandates.

Der Ministerpräsident wird vom Parlament auf Vorschlag des Unionspräsidenten gewählt. Gewählt ist, wer die Stimmen der einfachen Mehrheit der Abgeordneten des Parlamentes auf sich vereint. Der Gewählte ist vom Unionspräsidenten zu ernennen.

Die Wiederwahl des Ministerpräsidenten ist nur einmal möglich. Seine Amtszeit kann damit also maximal 10 Jahre betragen.

In Anlehnung an das Grundgesetz der Bundesrepublik Deutschland sollten die Artikel 67 (Misstrauensvotum) und 68 (Vertrauensfrage; Parlamentsauflösung) inhaltlich in die Verfassung des europäischen Staates aufgenommen werden, da sich diese in der praktischen Politik bewährt haben.

Die Fachminister des europäischen Staates werden vom Ministerpräsidenten vorgeschlagen und vom Unionspräsidenten ernannt.

Folgende Fachministerien werden vorgeschlagen:

○ Auswärtige Angelegenheiten
○ Wirtschaft, Arbeit und Soziales
○ Finanzen
○ Verteidigung
○ Inneres
○ Justiz
○ Verkehr und Energie
○ Landwirtschaft und Fischerei
○ Bildung und Kultur
○ Forschung und Entwicklung
○ Gesundheit und Verbraucherschutz
○ Europäische Integration
○ Umwelt

Die Bezeichnung „Fachministerien" wurde mit Bedacht gewählt, da jedes Ministerium auch ein ganz spezielles Fachressorts beinhaltet. Für die Führung eines Ministeriums sind entsprechend des Ressorts fundierte Fachkenntnisse unumgänglich.

Experte eines Faches wird man nicht durch das Wohlwollen einer Partei oder durch eine schlichte Ernennung, sondern hierfür bedarf es einer soliden fachlichen Ausbildung mit dem entsprechenden Praxisnachweis.

Zum Fachminister des europäischen Staates können deshalb nur Personen ernannt werden, die für das jeweilige Fachgebiet einen anerkannten Hochschulabschluss haben, eine mehrjährige praktische Tätigkeit im Fach vorweisen können und Willens sind, über die Parteigrenzen hinaus im Sinne des gesellschaftlichen Fortschritts und zum Wohle des Volkes zu entscheiden.

Fachliche Verbündete für die europäische Regierung müssen in erster Linie die einschlägigen Universitäten, Hochschulen und Forschungseinrichtungen sein. Das hier verfügbare Potenzial gilt es verstärkt in die praktischen Problemlösungs- und Entscheidungsprozesse des Staates einzubeziehen. Dies fördert nicht nur das Renommee dieser Einrichtungen bis hin zum einzelnen Lehrstuhl, sondern bringt neben den Stärken gleichzeitig auch die Schwächen der jeweiligen Institution bzw. des jeweiligen Lehrstuhlinhabers zum Ausdruck.

Das **Verfassungsgericht** ist ein unabhängiges Verfassungsorgan des europäischen Staates zum Schutz der Verfassung. Es ist Ausdruck einer hochentwickelten Rechtskontrolle und ankert tief im Vertrauen des europäischen Volkes.

Tätig wird dieses Gericht nur auf Antrag. Neben festgelegten Organen und Behörden, kann jedermann ein Verfahren beim Verfassungsgericht anregen, der ein rechtliches Interesse nachweist.

Das Verfassungsgericht kontrolliert den Gesetzgeber, die Gerichte und Behörden, ob die Gesetze und Entscheidungen dem Willen der europäischen Verfassung entsprechen. Es entscheidet weiterhin u. a. bei Streitfällen zwischen den Staatsorganen, bei Konflikten zwischen der Regierung und den Unionsländern, über die Vereinbarkeit der Ziele und Tätigkeiten von politischen Parteien mit der Verfassung, über Verbote von Parteien, über die Gültigkeit von Wahlen, bei Verfassungsbeschwerde sowie über Anklagen gegen den Unionspräsidenten und gegen Richter, wenn diese die Verfassung verletzen.

Bei Feststellung einer Verfassungswidrigkeit hebt das Gericht die jeweiligen Gesetze und Rechtsvorschriften auf. Das Gericht trifft seine Entscheidungen mit Stimmenmehrheit. Die Entscheidungen des Verfassungsgerichtes sind unanfechtbar. An seine Rechtsprechung sind alle übrigen Rechtsorgane gebunden.

Die Richter des Verfassungsgerichtes werden vom europäischen Parlament einzeln mit einer Zweidrittelmehrheit für neun Jahre gewählt. Eine Wiederwahl ist nicht möglich.

Die Richter wählen aus ihrer Mitte den Präsidenten des Verfassungsgerichtes auf drei Jahre. Die Ernennung des Präsidenten erfolgt durch den Unionspräsidenten.

Im Weiteren wird das System der Gerichte im europäischen Staat vom Obersten Gericht und den übrigen Gerichten gebildet. Näheres regeln hier die einschlägigen Gesetze. Gleiches gilt hinsichtlich der Zusammenarbeit mit den internationalen Gerichten unter dem Dach der Vereinten Nationen.

Das Oberste Gericht, als letztes Glied des Instanzenzuges und oberstes Organ der ordentlichen Gerichtsbarkeit, stellt kein eigenes Verfassungsorgan dar. In Anlehnung an eine bewährte Praxis in den meisten europäischen Ländern empfiehlt es sich, im europäischen Staat auf ein einheitliches oberstes Gericht zu verzichten und diese vielmehr getrennt nach Rechtsgebieten einzurichten.

Grundsätzlich wird die Gerichtsbarkeit im souveränen demokratischen Staat „Europäische Union" durch unabhängige und unparteiische Gerichte ausgeübt. Die Rechtsprechung erfolgt in allen Instanzen getrennt von sonstigen Staatsorganen.

Die Richter sind in Ausübung ihrer richterlichen Tätigkeit unabhängig und nur an die Verfassung und an das Gesetz gebunden.

4.2.3 Die Gesetzgebung

Das Recht Gesetzesvorlagen einzubringen haben:

○ der Unionspräsident,
○ die Abgeordneten des Parlamentes,
○ die Mitglieder des Unionsrates und
○ die Regierung.

Das Recht steht auch den wahlberechtigten Bürgern des europäischen Staates zu. Die Verfahrensweise hierfür wird in entsprechenden Gesetzen näher geregelt.

Die Gesetzesvorlage ist beim Parlamentspräsidenten einzureichen. Die Erörterung erfolgt im Parlament.

Das Parlament beschließt Gesetze mit einfacher Stimmenmehrheit in Anwesenheit von mindestens der Hälfte der Abgeordneten, soweit die Verfassung für das spezielle Gesetz keine anderen Mehrheiten bestimmt.

Das vom Parlament beschlossene Gesetz wird vom Parlamentspräsidenten an den Unionsrat weitergeleitet. Dieser kann das Gesetz innerhalb einer festgesetzten Frist:

○ ohne Änderungen annehmen,
○ ablehnen oder
○ mit Änderungsbeschluss an den Parlamentspräsidenten zurückleiten.

Die Beschlüsse des Unionsrates werden dann im Parlament erneut erörtert und letztlich zur Abstimmung gebracht. Sie gelten als abgelehnt, wenn das Parlament mit absoluter Stimmenmehrheit gegen die Vorstellungen des Unionsrates stimmt.

Die primäre Stellung des Parlamentes im Rahmen der Gesetzgebung stärkt die höchste Volksvertretung und gibt dem Gesetzgebungsprozess selbst mehr Objektivität. Sie drängt den Einfluss einzelner Länder in Hinblick auf ganz spezielle Wünsche und Vorstellungen im Gesetz maßgeblich zurück.

Der Parlamentspräsident legt das vom Parlament verabschiedete Gesetz dem Unionspräsidenten zur Unterzeichnung vor.

Der Unionspräsident kann die Vereinbarkeit des Gesetzes mit der Verfassung vom Verfassungsgericht prüfen lassen. Wird das Gesetz vom Verfassungsgericht als verfassungsgemäß erklärt, darf der Unionspräsident die Unterzeichnung des Gesetzes nicht verweigern.

4.2.4 Verfassungsänderung und Referendum

Eine Gesetzesvorlage zur Änderung der Verfassung des europäischen Staates kann eingebracht werden:

○ von einer noch näher zu bestimmenden Anzahl Abgeordneter des Parlamentes,
○ vom Unionsrat,
○ vom Unionspräsidenten sowie
○ von einer noch zu bestimmenden Anzahl wahlberechtigter Bürger.

Eine Verfassungsänderung bedarf der Zustimmung von zwei Dritteln der Abgeordneten des Parlamentes und zwei Dritteln der Stimmen des Unionsrates.

Auf Verlangen:

○ einer noch näher zu bestimmenden Anzahl von Abgeordneten des Parlamentes oder
○ der Hälfte der Stimmen des Unionsrates oder
○ des Unionspräsidenten

muss die vorgeschlagene Verfassungsänderung den wahlberechtigten Bürgern des europäischen Staates zur Annahme durch Referendum vorgelegt werden.

Die Verfassungsänderung gilt durch Referendum angenommen, wenn die Mehrheit der wahlberechtigten Bürger an der anberaumten Abstimmung teilnimmt und sich mit Mehrheit der abgegebenen Stimmen für die Änderung ausspricht.

Weiterhin kann bei Fragen von besonderer Bedeutung und au-
ßerordentlichem Interesse für den Staat und seiner Bürger eine lan-
desweite Volksabstimmung durchgeführt werden. Dies trifft nicht
zu in Bezug auf die Grundrechte, Steuern, Abgaben, den Staats-
haushalt, Amnestien und Strafnachlässe.

Eine Volksbefragung wird vom Unionspräsidenten anberaumt,
wenn:

○ dies durch eine Petition einer noch zu bestimmenden Anzahl
von Bürgern beantragt, oder
○ vom Parlament oder
○ vom Unionsrat
mit jeweils absoluter Stimmenmehrheit beschlossen wird.

Das Ergebnis der Volksabstimmung ist bindend, wenn sich mehr als
die Hälfte der Stimmberechtigten an ihr beteiligt haben.

Vor der Anberaumung eines Referendums kann der Unionspräsident vom Verfassungsgericht prüfen lassen, ob der Gegenstand
des Volksentscheides mit den Grundsätzen der Verfassung des Staates vereinbar ist. Ist eine Vereinbarkeit nicht gegeben, wird das Referendum ausgesetzt.

4.2.5 Die Einordnung der Unionsländer

Mit der Gründung des souveränen demokratischen Staates „Europäische Union" geht die bisherige Souveränität der Länder in den
europäischen Staat über. Diese Prozesse beinhalten grundsätzlich
keine Neugliederungen oder territoriale Veränderungen. Bei Notwendigkeit ist Derartiges nur über Referendum in den betreffenden
Ländern möglich.

Die verfassungsmäßige Ordnung der Unionsländer ist aus den
Grundsätzen der Verfassung des europäischen Staates abzuleiten

und muss dessen freiheitlich-demokratische Rechtsordnung widerspiegeln. Jeder Bürger des europäischen Staates hat in jedem Unionsland die gleichen staatsbürgerlichen Rechte und Pflichten. In den Ländern, Kreisen, Städten und Gemeinden müssen die Bürger von Regierungen, Räten und Bürgermeistern vertreten werden, die aus demokratischen Wahlen hervorgegangen sind.

Von herausragender Bedeutung für den Erfolg des europäischen Staates ist eine von Vernunft und Notwendigkeit geprägte Verteilung und Abgrenzung der Aufgaben und Zuständigkeitsbereiche zwischen den Unionsorganen und den Organen der Länder. Diese höchst sensible Problematik hat ihre ganz eigene Brisanz, denn sie berührt in Verbindung mit Macht und Einfluss auch ganz persönliche Interessen.

Nach dem Subsidiaritätsprinzip sollte grundsätzlich nur das Notwendigste zentralisiert werden. Was Gemeinden, Städte, Kreise und Länder selbstständig lösen können, ohne der Gemeinschaft zu schaden, sollte auch in deren Verantwortung bleiben.

Für die Aufgabenerfüllung und Problemlösung muss zunächst die unterste Ebene zuständig sein, denn sie ist in der Regel sachgerechter und detaillierter mit der jeweiligen Problematik vertraut. Auch sind hier die Möglichkeiten der demokratischen Kontrolle durch die Bürger besser gegeben. Die nächsthöhere Ebene darf nur dann eingreifen, wenn sich abzeichnet, dass die untere Ebene den Sachverhalt nicht lösen kann oder dass sie dabei ihre Kompetenzen überschreitet. Dieses Prinzip stärkt die Eigenverantwortung, fördert einen gesunden Ehrgeiz, sichert Bürgernähe und Bürgerkontrolle.

In diesem Sinn sind den Unionsländern großzügige Freiheiten bei der Gestaltung und Organisation ihrer Institutionen zu gewähren, sodass vielfach auch historisch gewachsene Strukturen und Bezeichnungen übernommen werden können. Diese Freiheiten dürfen aber niemals die führenden und richtungsweisenden

Kompetenzen der Unionsorgane nach innen und außen infrage stellen.

In besonderer Verantwortung stehen diesbezüglich die Fachministerien des europäischen Staates. Entsprechend des Ressorts haben die Fachministerien des Staates in enger Zusammenarbeit mit den verantwortlichen Organen der Unionsländer die grundsätzlichen Aufgaben, Richtlinien und Eckpunkte der künftigen Entwicklung zu erarbeiten. Nach Beschluss sind diese für den Staat und damit auch für alle Länder verbindlich. Eine weitere Untersetzung erfolgt dann durch die Unionsländer selbst. Dies stimuliert nicht nur den Wettbewerb zwischen den Ländern, sondern fördert auch die Einbeziehung der Menschen vor Ort in die Problemstellungen.

Fragen der Zentralisierung und Dezentralisierung von Aufgaben, Kompetenzen und damit letztlich auch Macht haben nicht nur Brisanz, sondern besitzen, gerade auch in einer sich rasant entwickelnden globalen multipolaren Welt, ein Höchstmaß an Dynamik. Diese Dynamik verlangt ein ständiges Überdenken und Anpassen der politischen und gesellschaftlichen Strukturen.

Solche Anpassungen erfolgen in der Praxis vielfach leider nicht mit der notwendigen Objektivität. Hier schwingt in der Regel stets eine gehörige Portion Subjektivismus mit. Die eine Seite will möglichst viel Kompetenz und Macht auf sich vereinen und die andere möglichst wenig davon abgeben. Solche Auseinandersetzungen besitzen zunächst Normalität, werden aber dann zum Problem, wenn sie subjektivistisch entschieden werden. Dies bläht Strukturen ungerechtfertigt auf, verwischt Verantwortlichkeiten und lähmt die Handlungsfähigkeit des Staates.

Als sinnvoll wird deshalb erachtet, im europäischen Staat ein unabhängiges Organ „Organisation" zu schaffen, welches Aufgaben, Zuständigkeiten und Zusammenwirken sowohl zwischen den Organen der Union als auch zwischen den Unionsorganen und den Organen der Länder regelt bzw. diesbezügliches entsprechend aufbereitet und zur Entscheidung vorlegt. In dieses Organ, welches dem Unionspräsidenten direkt unterstellt ist, sind befähigte Personen, mit einschlägigen Fachkenntnissen und praktischen Erfahrungen zu berufen. Die Berufung der verantwortlichen Personen erfolgt durch den Unionspräsidenten.

4.3 Europas Wirtschaft als integraler Bestandteil der „Regulierten internationalen Marktwirtschaft"

Mit der Zentralisierung der politischen Macht in einem gemeinsamen europäischen Staat wird Europa zu einem einflussreichen Mitgestalter der neuen Weltordnung. Europa spricht außen- und innenpolitisch mit einer Stimme, hat gemeinsame Ziele und Aufgaben und verfolgt eine einheitliche Wirtschafts-, Finanz-, Währungs-, Steuer- und Arbeitsmarktpolitik. Das Primat der Politik eröffnet alle Chancen und Möglichkeiten einer zielstrebigen regulierenden Einflussnahme auf die europäische und internationale Wirtschaft.

Europa bekennt sich zur „Regulierten internationalen Marktwirtschaft". Als integraler Bestandteil einer übergeordneten regulierten Weltwirtschaft folgt die europäische Wirtschaft den Zielen und Richtlinien des unter dem Dach der Vereinten Nationen arbeitenden Weltwirtschaftsrates und trägt so ganz wesentlich zur Erfüllung des Hauptzieles des globalen Wirtschaftens bei.

Der Wohlstand Europas wird ganz maßgeblich von der Wettbewerbsfähigkeit seiner Wirtschaft bestimmt. Gefragt sind also Innovationen, denn sie sind der entscheidende Treiber der Produktivität. Innovative Produkte, Anlagen, Verfahren oder innovative ablauf- und aufbauorganisatorische Lösungen fallen aber nicht vom Himmel. Die hierfür erforderlichen Ideen bilden in der Regel mit Wissen, Leidenschaft und zielstrebiger Arbeit eine enge Symbiose.

Die enge Zusammenarbeit der Unternehmen mit einschlägigen Forschungsinstituten, Universitäten und Hochschulen ist deshalb ein unabdingbares Erfordernis unserer Zeit; und es bedarf der ganz besonderen Aufmerksamkeit des Staates, das Wechselspiel zwischen Wissenschaft und Praxis auf einem hohen, fruchtbaren Niveau zu halten.

Bisher verfolgen die Länder der EU aufgrund ihrer unterschiedlichen Historie, geografischen Lage und ihrer ganz unterschiedlichen kulturellen und traditionellen Prägungen oft auch sehr verschiedene wirtschaftspolitische Ziele. Für die erfolgreiche Entwicklung des europäischen Staates und für die Integration der europäischen Völker ist es von außerordentlicher Bedeutung, dass Europa zu einer einheitlichen, mit dem Weltwirtschaftsrat abgestimmten Wirtschaftspolitik findet. Europa braucht eine innovative einheitliche Wirtschaftsstrategie, die die Unionsländer als gleichberechtigte Partner in die Arbeitsteilung integriert und die bestehenden wirtschaftlichen und sozialen Ungleichgewichte zielstrebig abbaut. Die Wirtschaftsstrategie des europäischen Staates sowie die daraus abgeleiteten Kernziele müssen deshalb unbedingt verbindlichen Charakter für die einzelnen Unionsländer haben.

Mit der Globalisierung und der umfassenden Digitalisierung der Märkte wird sich auch in Europa der Dienstleistungssektor zu einem außerordentlich lukrativen Wachstums- und Beschäftigungsfaktor entwickeln. Dies darf aber nicht dazu führen, sich von der zweifellos aufwendigeren industriellen Fertigung abzuwenden und diese anderen Ländern zu überlassen. Eine starke leistungsfähige Industrie ist die Voraussetzung für einen erfolgreichen Dienstleistungssektor. Geht die Industrie, gehen nicht nur Arbeitsplätze, sondern über die Zeit auch Wissenschaft und Dienstleistungen.

Auch ist darauf zu achten, dass Europa im Notfall die Grundversorgung seiner Bevölkerung z. B. mit Energie, Wasser, Lebensmitteln, Medikamenten, Hygieneartikeln u. Ä. aus eigener Kraft sicherstellen kann. Betriebe, die diesbezüglich als „strategisch wichtige Unternehmen" eingestuft werden, sind im Land zu halten; zumindest die hierfür notwendigen Betriebsstätten. Gerade in der Corona-Pandemie hat sich gezeigt, wie wichtig es ist, dass man auf eigene verfügbare Unternehmen, Produktionsstätten, Lieferanten, Rohstoffe und Reserven zurückgreifen kann, wenn sicher geglaubte Lieferketten förmlich über Nacht zerbrechen.

Die europäische Wirtschaftspolitik fördert den unternehmerischen Wettbewerb und verhindert durch eine entsprechende Fusions- und Kartellgesetzgebung die Herausbildung von Monopolen. Die konsequente Hinwendung zum unternehmerischen Wettbewerb fordert gleichzeitig auch, dass Unternehmen, die sich am Markt nicht bewähren, aus dem Wettbewerb ausscheiden müssen. Nur in absoluten Ausnahmefällen dürfen in Schieflage geratene Unternehmen vom Staat eine kurzfristige, zeitlich begrenzte Unterstützung erfahren. Der Staat hat sich aber um die soziale Abfederung der betroffenen Mitarbeiter zu sorgen sowie gezielt neue unternehmerische Initiativen am Standort zu fördern.

Die hohe Kunst der Wirtschaftsführung ist es, für ausgewogene Handelsströme, einen lebhaften Binnenmarkt und einen robusten Arbeitsmarkt zu sorgen. Europa braucht eine breite, kaufkraftstarke gesellschaftliche Mittelschicht. Es ist deshalb wichtig, dass die europäische Bevölkerung angemessen am Ergebnis der Wirtschaft beteiligt wird. Sie muss spüren, dass sie die Früchte ihrer Arbeit mit erntet. Ein hoher Lebensstandard ist gleichfalls der ideale Treibstoff für das Zusammenwachsen der europäischen Völker. Die vorn bereits zitierte Formel, in der die Nominallöhne dem Produktivitätswachstum plus dem Inflationsziel folgen, gibt Europa dabei, ergänzt durch ein entsprechendes Steuer- und Abgabensystem, eine gute Orientierung.

Die komplexe Digitalisierung der Wirtschaft wird Produktivität und Wachstum fördern, gleichzeitig aber auch die Organisation der Leistungs- und Leitungssysteme in den Unternehmungen grundlegend verändern. Dies bleibt auch nicht für den europäischen Arbeitsmarkt ohne Folgen. Viele bisher sicher geglaubte Arbeitsplätze oder traditionelle Berufe werden überflüssig und homogene Arbeitnehmerperspektiven immer seltener. Andererseits werden neue Anforderungen und Chancen auch wieder neue Arbeitsplätze und Berufsbilder hervorbringen. Die Qualifizierung wird damit zum permanenten Wegbegleiter der Menschen.

Der europäische Staat ist aufgefordert Antworten auf diese neue Arbeitswelt zu finden. Ein enges Zusammenwirken der Regierung mit den Unternehmen und den Gewerkschaften ist dabei von absoluter Notwendigkeit.

Wie aber ist es um die „Dreigliedrigkeit" in Europa bestellt?

Festzustellen ist auch hier, dass im Gegensatz zur Wirtschaft die Arbeiterbewegung in Europa immer noch weitestgehend national organisiert ist. Der Europäische Gewerkschaftsbund (EGB) vertritt zwar 90 nationale Gewerkschaftsbünde aus 39 Ländern und 10 europäischen Gewerkschaftsverbänden mit insgesamt 45 Millionen Mitgliedern[82], aber es wäre regelrecht vermessen, diese Organisation als einen echten Mitgestalter des europäischen Wirtschaftslebens zu bezeichnen. Dafür fehlt es ihr sowohl an Einfluss als auch an der notwendigen Sympathie bei den europäischen Arbeitnehmern selbst. Dabei würde gerade die EU, infolge der fehlenden politischen Einheit und dem daraus resultierenden Machtdefizit eine starke, geeinte Gewerkschaftsbewegung dringend benötigen. Diese könnte das gegenwärtige politische Machtdefizit der Union gegenüber dem internationalen Kapital binden und im Rahmen der „Dreigliedrigkeit" die Kräfteverhältnisse in Europa wirksam verbessern.

Infolge der politischen und gewerkschaftlichen Schwäche muss die global organisierte Wirtschaft gegenwärtig in Europa kaum mit

DIE EINORDNUNG EUROPAS

organisierten Gegenkräften rechnen. Eine Ausnahme bilden in gewisser Weise nur die Initiativen der Zivilgesellschaften.

Diese extreme Kräfteverschiebung zugunsten der Wirtschaft hebelt nicht nur die Politik, sondern auch die bisher noch recht gut funktionierenden nationalen Gewerkschaftsbewegungen immer stärker aus. In gewisser Weise werden die Gewerkschaften der jeweiligen Länder untereinander sogar verstärkt zu Konkurrenten.

Auf dem II. Kongress des Europäischen Gewerkschaftsbundes 2007 in Sevilla wurden die Schwächen der europäischen Gewerkschaftsbewegung auch deutlich erkannt und mit geeigneten Konzepten, Maßnahmen und Aktionen sollte künftig stärker in die Offensive gegangen werden.[83]

Auch die folgenden Kongresse des EGB zeigen, dass die Gewerkschaftler die Probleme und Zeichen der Zeit erkennen. So standen z. B. auf dem 12. Kongress 2011 in Athen die Wirtschafts- und Finanzkrise, die rigiden Sparkonzepte und der Beschäftigungsabbau[84], auf dem 13. Kongress 2015 in Paris die dienende Funktion der Wirtschaft, Sozialstandards und Demokratie bei der Arbeit[85] und auf dem 14. Kongress 2019 in Wien „Ein gerechtes Europa für Arbeitnehmerinnen und Arbeitnehmer"[86] auf der Agenda.

Das Hauptproblem liegt also nicht im Wissen, sondern darin, dass die Gewerkschaften ihre Schlussfolgerungen und Ziele nicht wirksam in die Praxis umsetzen können. Sie sind dafür einfach zu schwach und in Bezug auf die Wirtschaft im europäischen Maßstab zu unbedeutend.

Der Europäische Gewerkschaftsbund kann die Interessen der europäischen Arbeiterschaft nur dann wirksam vertreten, wenn er auf europäischer Ebene und weltweit ganz entscheidend an Kraft und Einfluss gewinnt. Über gemeinsame Ziele gilt es den nationalen Rahmen zu durchbrechen, die Mitglieder in die europäische Bewegung zu integrieren, die Kräfte zu bündeln und in enger Abstimmung mit einer einheitlich geführten Weltgewerkschaft den solidarischen Kampf in Europa zu organisieren. Nur über diesen Weg trägt die europäische Gewerkschaftsbewegung zu einer echten Balance der Kräfte bei. Nur über diesen Weg wird sie ein wirksamer Verbündeter bei der Durchsetzung der regulierten Marktwirtschaft in Europa.

Die europäische Gewerkschaftsbewegung muss für ein soziales Europa stehen, mit einer starken Wirtschaft, einem stabilen Arbeitsmarkt, vernünftigen Arbeits-und Lebensbedingungen und einer angemessenen Alterssicherung; auch für die sich mit der Digitalisierung verstärkt herausbildende „Soloökonomie".

Prekäre Arbeit, Niedriglohn, Missbrauch der Leiharbeit, Sozialabbau, Jugendarbeitslosigkeit u. Ä. dürfen nicht das Markenzeichen des neuen Europas sein. Sie sind ein Ausdruck schwacher Gewerkschaften und das ist für die Gesellschaft auch leicht erkennbar. Deshalb sollte die europäische Gewerkschaftsbewegung ihre Aktionen und Kampfmaßnahmen zunächst auch auf die Beseitigung dieser Missstände ausrichten. Im Fokus müssen dabei branchenorientierte Maßnahmen und Arbeitskämpfe stehen. Hier sind die Interessen der Arbeitnehmer länderübergreifend weitestgehend ähnlich, sodass sich auch gemeinsame Kampfziele formulieren und Aktionen mit großer Wirkung planen lassen. Außerdem bleiben die Kampfmaßnahmen überschaubar und entsprechend ihres Verlaufes regulierbar.

Ein repräsentatives Beispiel für solche europaweit branchenorientierten Arbeitskämpfe waren die Solidaritätsstreiks und Solidaritätskundgebungen in Frankreich, Spanien, Portugal und Slowenien, als Renault im Februar 1997 die Schließung seiner belgischen Niederlassungen in Vilvoorde bekannt gab. Auf diesen Erfahrungen muss die europäische Gewerkschaftsbewegung aufbauen.

Die gegenwärtig mehr als besorgniserregende Verschiebung der Kräfteverhältnisse zugunsten des Kapitals ist nicht im Interesse eines künftigen europäischen Staates. Hier ist die Politik mit gefordert. Sie muss die Entwicklung einer einflussreichen europäischen Gewerkschaftsbewegung zielstrebig fördern und so zu einer akzeptablen Kräftebalance zwischen Kapital und Arbeit beitragen. Dabei geht es nicht nur um finanzielle Unterstützung, sondern vor allem auch um die moralische Stärkung der Gewerkschaftsbewegung überhaupt. Es gilt Status und Stellung der Gewerkschaften zu stärken, ihre Aufgaben und Ziele umfassender z. B. in den Medien zu propagieren und der Gesellschaft zu vermitteln, dass im Rahmen einer „Regulierten internationalen Marktwirtschaft" die Gewerkschaften eine notwendige, aber nicht feindliche Gegenkraft zum Kapital darstellen.

4.4 Den Produktionsfaktor Arbeit stärken

In den vergangenen Abschnitten wurde bereits herausgestellt, dass die menschliche Arbeit in ihren vielfältigsten manuellen und geistigen Formen eben nicht nur Mühsal, Broterwerb oder Kostenfaktor ist, sondern in erster Linie bewusste Tätigkeit der Menschen. Sie ist als verbindendes Element zwischen Boden und Kapital unerlässlich für die Sicherung der menschlichen Existenz.

Im Gegensatz zu den alten Griechen, für die Arbeit „das Allerletzte" war, gibt Arbeit heute Lebenssinn, fördert Bewusstseins- und Identitätsbildung, vermittelt Freiheit und Unabhängigkeit, steigert das Selbstwertgefühl, verleiht innere Stabilität und erweitert die zwischenmenschlichen Kontakte über die familiären, verwandtschaftlichen und nachbarschaftlichen Beziehungen hinaus.

Arbeitslosigkeit bedeutet deshalb nicht schlechthin nur finanzielle Abhängigkeit oder schwindende Sicherheit und Freiheit, sondern vor allem auch den Verlust bisheriger selbstverständlicher sozialer Kontakte und Kompetenzen, sinkendes Selbstvertrauen und Selbstwertgefühl sowie eine schleichende, aber kontinuierlich fortschreitende gesellschaftliche Ausgrenzung. Ein Konglomerat, was mit Minderwertigkeitskomplexen, Scham und Vereinsamung einhergeht.

Gerade auch in den europäischen Industrienationen definierte sich insbesondere die gesellschaftliche Mittelschicht in der Vergangenheit vorrangig über die Arbeit. Das Einkommen daraus sicherte dem Einzelnen und der Familie eine gute Lebensperspektive. Der Beruf und das mit ihm verbundene stabile Arbeitsverhältnis prägten Lebensweg und Lebensinhalt.

Aber die Zeiten haben sich geändert. Entsprechend den vorn gezeigten Zahlen ist die Europäische Union gegenwärtig weit von einem ausgewogenen und stabilen Arbeitsmarkt entfernt, wobei insbesondere die Jugendarbeitslosigkeit in den europäischen Südstaaten erschreckt.

Mit dem Verlust der Arbeit geht für viele Europäer auch der Lebensinhalt verloren. Der Zugang zu anderen Wertewelten ist vielfach nicht ausreichend bekannt oder schlicht und einfach nicht finanzierbar. Die jetzt reichlich verfügbare freie Zeit wird nicht mehr als erholsam empfunden, sondern als unnütz und Langeweile.

„Die Zeit wird zu einem unstrukturierten Kontinuum ohne Abwechslung und ohne Besonderheiten."[87]

Nach Henry Ford ist der unglücklichste Mensch auf der Welt der, der nichts zu tun hat.[88]

Andererseits aber wird die Psyche des Menschen auch nicht dadurch verbessert, indem er übergebührend schwere oder überwiegend monotone Arbeiten verrichten muss, sein Arbeitspensum nur in einem regelmäßigen 12- bis 16-Stunden-Tag erledigen kann und selbst im Urlaub noch rund um die Uhr erreichbar sein muss. Derartiges drückt die Arbeitswelt ebenfalls aus den Fugen. Die positiven Effekte der Arbeit können durchaus auch mit körperlich leichter oder geistig anspruchsvoller Arbeit im Rahmen eines 4- bis 8-Stunden-Tages erreicht werden. Auch muss man dabei, dank der modernen Technik, nicht mehr unter Aufsicht in einem Büro der Firma sitzen. Homeoffice z. B. hat sich gerade in der Corona-Pandemie bestens bewährt.

Die kapitalistische Wirtschaft kann der komplexen Bedeutung der Arbeit für den Einzelnen und der Gesellschaft nicht gerecht werden. Dies entspricht ganz einfach nicht ihrem Wesen und tatsächlich ist es auch nicht ihre vorrangige Aufgabe. Für die kapitalistische Wirtschaft bleibt Arbeit in erster Linie ein Kostenfaktor. Wissenschaft, Technik, Rationalisierung und Automatisierung stehen zunächst weniger für eine Verbesserung der Arbeits- und Lebensbedingungen als vielmehr für den zu erwartenden eigenen wirtschaftlichen Vorteil.

Diese Problematik ist schwerwiegend, verliert aber an Wirkung und Bedeutung, wenn man sie erkennt und mit geeigneten Maßnahmen gegensteuert.

Gefordert sind an dieser Stelle in erster Linie Politik und Gewerkschaften!

Sie müssen den Rahmen und die Handlungsspielräume des Wirtschaftens abstecken, die kapitalistische Wirtschaft zielstrebig in die Gesellschaft einbinden und zum Dienst an der Gesellschaft zwingen. Sie müssen aktiv auf einen mobilen, robusten und sozialen Arbeitsmarkt sowie z. B. mithilfe neuer Arbeitszeitmodelle auf eine geordnete Balance zwischen Erwerbsarbeit, Einkommen und finanzierbarer Freizeit hinwirken.

Wenn all dies nicht mehr gelingt, weil z. B. die global vernetzte Wirtschaft der nationalen Politik und den national organisierten Gewerkschaften nur noch geringe Handlungsspielräume lässt, dann ist es für die letztgenannten Partner der „Dreigliedrigkeit" höchste Zeit entsprechend nachzuziehen und ihren nationalen Egoismus an den Nagel der Geschichte zu hängen.

Ein stabiler, sozial ausgewogener Arbeitsmarkt ist für den gesellschaftlichen Frieden, stabile politische Verhältnisse und damit auch für die erfolgreiche demokratische Entwicklung des europäischen Staates von ausschlaggebender Bedeutung.

Dass die Europäische Union scheitert, wenn der Euro scheitert, wie auch die ehemalige deutsche Bundeskanzlerin, Frau Merkel, den Europäern immer wieder zu vermitteln suchte, ist kaum zu erwarten. Ein Weg zurück zu den nationalen Währungen wäre zwar steinig, aber möglich. Derartiges wird die EU nicht aus ihren Ankern reißen, dafür hängen die europäischen Länder viel zu sehr an den Vorteilen des gemeinsamen europäischen Marktes.

Der Spaltkeil aber, der von der Arbeitslosigkeit und einer wachsenden sozialen Ungleichheit ausgeht, ist ungleich wirksamer. Hier entstehen Neid und Hass zwischen den Einzelnen und den Völkern und ein extrem fruchtbarer Boden für den Nationalismus. Eine solche Entwicklung treibt Europa unweigerlich auseinander. Deshalb muss auch die nunmehr seit vielen Jahren speziell in Südeuropa vorherrschende Arbeitslosigkeit ernsthaft aufrütteln. Europa ist gut beraten, alles daran zu setzen, dass dieser Spaltkeil seine Wirkung verliert.

Investitionen und Wachstum bleiben zweifellos zunächst die entscheidenden Treiber für den Erhalt der Arbeit und für die Entstehung neuer Arbeitsplätze. Gleichzeitig verlangt die Situation aber auch über andere Möglichkeiten nachzudenken, die zu einer möglichst kurzfristigen Stabilisierung des europäischen Arbeitsmarktes beitragen können. Nachfolgend werden deshalb diesbezüglich einige Vorschläge unterbreitet. Vorschläge, die auch dazu anregen, mit der bereits vorhandenen Arbeit sorgfältiger umzugehen.

Der Wissenschaft, der Politik und den Gewerkschaften ist das Vorgeschlagene z. T. nicht unbekannt, erfährt aber leider bisher kei-

DIE EINORDNUNG EUROPAS

ne ausreichende praktische Umsetzung. Vielleicht wird das hier versteckte Potenzial auch von den Verantwortlichen verkannt:

> *Arbeit entlasten*

Arbeit verursacht Kosten, die betriebswirtschaftlich als Personalkosten geführt werden. Die Personalkosten bestehen im Wesentlichen aus den Löhnen und Gehältern sowie aus den gesetzlich sozialen und den freiwillig sozialen Aufwendungen. Liegen Löhne, Gehälter und freiwillige soziale Aufwendungen in Kompetenz der Tarifpartner, so ist die Festlegung der gesetzlich sozialen Aufwendungen eine Angelegenheit des Staates.

In Deutschland z. B. werden die gesetzlichen Sozialversicherungsbeiträge, bestehend aus:

Kranken-, Pflege-, Renten- und Arbeitslosenversicherung je zur Hälfte vom Arbeitgeber (Arbeitgeberanteil) und Arbeitnehmer (Arbeitnehmeranteil) getragen. Eine Ausnahme bildet die Unfallversicherung. Sie obliegt vollständig dem Arbeitgeber. Der Arbeitgeberanteil wird als Personalaufwand in die Kosten gebucht.

Aus gesamtgesellschaftlicher Sicht hat der Arbeitgeberanteil unterschiedliche Wirkungen, die sich auf den ersten Blick auch z.T. zu widerstreben scheinen. Einerseits trägt der Arbeitgeberanteil in direkter Abhängigkeit von den Löhnen und Gehältern zur Finanzierung der staatlichen Sozialsysteme bei, andererseits aber erhöht er in den Unternehmen nicht unerheblich die Personalkosten; also genau die Kosten, die in einem ganz entscheidenden Maße die Attraktivität der menschlichen Arbeit bewerten. Der Arbeitgeberanteil verstärkt damit die Bestrebungen der Unternehmen, sowohl nach billigeren Standorten Ausschau zu halten als auch durch Rationalisierung und Automatisierung die Arbeitsproduktivität maßgeblich zu steigern. Letzteres ist gewollt, das Abwandern von Unternehmen und Arbeitsplätzen aber auf gar keinen Fall.

Die Arbeitskräfte in den Niedriglohnländern akzeptieren an Löhnen, Gehältern, Arbeits-, Freizeit- und sozialen Bedingungen nahezu alles, was geboten wird. Da greifen die Unternehmer natürlich zu.

Arbeit ist in diesen Ländern so billig und würdelos, dass Modernisierungs-, Rationalisierungs- und Automatisierungsmaßnahmen für den Unternehmer vielfach reine Geldverschwendung wären.

Gegen die historisch hart erkämpften Einkommen, Arbeits- und Sozialstandards der Arbeitnehmer in den Industrieländern sind die Bedingungen in den Niedriglohnländern für die Unternehmerschaft rein paradiesisch. So paradiesisch, dass selbst die Tätigkeiten von Wirtschaftsprüfern, Steuerexperten, Anwälten, Architekten und Investment-Spezialisten zunehmend in diese Länder ausgelagert werden.[89]

Mit dem Abwandern der Wirtschaft und dem „Plattmachen" langfristig gewachsener Wirtschaftsstrukturen ist aber niemandem gedient und es ist auch nicht Sinn der Globalisierung, dass Niveau der Arbeit in den entwickelten Industrieländern auf das der Niedriglohnländer abgleiten zu lassen, sondern umgekehrt geht es darum, das Niveau der Niedriglohnländer Schritt für Schritt auf das der entwickelten Industrienationen zu heben.

Um ein weiteres Abwandern der Arbeit in die Niedriglohnländer zu bremsen, sollte die Politik in den entwickelten Industrienationen gegenwärtig alles unterlassen, was die Arbeitskosten zusätzlich belastet. In diesem Sinne sind auch die Vorzüge steuerfinanzierter Sozialsysteme ernsthaft zu prüfen. Die Verbrauchssteuern sowie progressiv gestaltete Ertragssteuern könnten hier z. B. zur Finanzierung mit herangezogen werden.

Anders als bisher gezeigt verhält es sich mit den freiwilligen sozialen Aufwendungen. Jedes Unternehmen hat das Recht, sich ein eigenes „Sozialsystem Betrieb" aufzubauen. Derartiges steigert die Leistungsbereitschaft der Mitarbeiter und erzeugt Treue zum Un-

DIE EINORDNUNG EUROPAS

ternehmen. Wichtig ist, dass diese Leistungen auch freiwillige Leistungen des Unternehmens bleiben und nicht durch Verträge geknebelt werden. Diese Leistungen sind keine Selbstverständlichkeit und es muss den Unternehmen möglich sein, sie in ertragsarmen Zeiten wieder einzuschränken.

> *Jobsharing*

Beim Jobsharing wird ein vorhandener Arbeitsplatz unter zwei oder mehreren Personen aufgeteilt. Dieser Gedanke ist seit vielen Jahren bekannt und z. b. auch im deutschen Arbeitsrecht, durch das Beschäftigungsförderungsgesetz 1985, geregelt. Einen durchgängig praktischen Erfolg verzeichnet diese Idee aber bisher nicht, obwohl gerade auch die modernen Kommunikationstechnologien hier alle Möglichkeiten der Unterstützung bieten.

Das Jobsharing bringt sowohl für die Unternehmer als auch für die Arbeitnehmer eine Reihe nicht zu übersehender Vorteile.

Vorteile u. a. in einer höheren Leistung, einer verbesserten Produkt- und Arbeitsqualität, einer verbesserten Vereinbarkeit von Beruf und Familie, einer flexibleren Betriebs-, Arbeits- und Freizeitplanung sowie dem Halten wertvoller Fachkräfte und Spezialisten im Unternehmen.[90]

Diese Vorteile kompensieren mögliche Nachteile, die sich z. B. durch eine aufwendigere Personalverwaltung, höhere Lohnnebenkosten oder zusätzliche Anlern- und Ausbildungskosten ergeben, um ein Vielfaches.

Jobsharing ist ein auf Teilzeit basierendes Arbeitszeitmodell, das nicht nur auf die Ebene der Mitarbeiter begrenzt ist, sondern auch für Führungspositionen (Top Sharing) seine Berechtigung hat. Es verändert die herkömmliche Arbeitsorganisation und erfordert vom Unternehmer neues Denken. Ein Denken, das die Interessen der Gesellschaft und die Interessen der Arbeitnehmer stärker als bisher in die betrieblichen einfließen lässt.

Jobsharing könnte gerade auch den Südstaaten Europas wichtige Denkanstöße für die Bekämpfung der Jugendarbeitslosigkeit geben, denn dieses Arbeitszeitmodell trägt ganz entscheidend zur Entspannung auf dem Arbeitsmarkt und zur Verbesserung der gesellschaftlichen Lebensverhältnisse bei. Niemand muss deshalb mehr Interesse am Erfolg von Jobsharing haben als der Staat selbst.

Der Staat ist gefordert!

Es gilt, Teilzeitarbeit „salonfähig" zu machen und die Unternehmen durch entsprechende Anreize verstärkt zum Jobsharing zu animieren.

Gleichzeitig muss der Staat bei der Einführung dieser Arbeitsform beispielgebend vorangehen. Gerade im öffentlichen Dienst gibt es in nahezu allen Bereichen Arbeitsaufgaben und Arbeitsstellen, die für Jobsharing bestens geeignet sind. Ein gezielter Karriereaufbau ist auch in Teilzeit möglich.

Jobsharing kann zu Lohn- und Gehaltseinbußen führen. Deshalb ist es notwendig, dass diese Arbeitsform durch öffentliche Zuschüsse (z. B. im Rahmen eines Lohnergänzungssystems) begleitet wird. Diese Zuschüsse sollten einerseits die Verluste bei den Löhnen, Gehältern und Versorgungsleistungen erträglich abfedern und andererseits das Einkommen aufstocken, wenn der durch Jobsharing erzielte Verdienst in Bezug auf die jeweilige Person oder Familie Mindestgrenzen unterschreitet. Die Finanzierung echter Arbeit ist immer besser als die Finanzierung von Arbeitslosigkeit.

> *Missbrauch Überstunden*

Überstunden müssen als potenzielle Vernichter von Arbeitsplätzen angesehen werden. Sie beeinflussen nicht nur den Arbeitsmarkt negativ, sondern auch Gesundheit, Psyche und Familienleben.

In der Praxis findet man nicht selten folgende Situation: Die Menschen, die im Arbeits- bzw. Dienstverhältnis stehen, haben kaum freie Zeit, weil ihr Arbeitstag extensiv ausgedehnt wird. Auch die Wochenenden werden vielfach gleich mit in den Arbeitsprozess einbezogen. Zur gleichen Zeit sitzen Arbeitskräfte mit ebenfalls geeigneter Ausbildung gelangweilt zu Hause und leben mehr oder weniger schlecht von staatlichen Versorgungsleistungen.

Die Ursachen für solche Situationen liegen nicht, wie oberflächlich argumentiert wird, in einem veralteten oder zu starren Arbeitsrecht. Die notwendigen Überarbeitungen und Flexibilisierungen haben hier z. B. auch in Deutschland längst stattgefunden. Aber warum soll ein Unternehmer Arbeitskräfte einstellen und sich zusätzliche Aufwendungen und Risiken auflasten, wenn es einfacher und vor allem billiger auch geht. Eine Ausdehnung des Arbeitstages der bereits vorhandenen Mitarbeiter lässt keine Probleme erwarten. Die Belegschaft ist willig, denn man möchte nicht unangenehm auffallen und bei den nächsten Entlassungen in der ersten Reihe stehen. Auch tragen die Überstunden, wenn sie denn bezahlt werden, zu einer Verbesserung des persönlichen Einkommens bei.

Bei diesen Darlegungen geht es nicht um „Blauäugigkeit". Natürlich sind in bestimmten Phasen Überstunden der Mitarbeiter notwendig. Aber eben nur in bestimmten Phasen und nicht permanent. Überstunden sind auch keine unentgeltliche Kulanz gegenüber dem Arbeitgeber, sondern vom Unternehmer ordnungsgemäß zu bezahlen.

Ein vom Ansatz guter Gedanke sind hier die Arbeitszeitkonten, wo die vom Mitarbeiter geleisteten Stunden saldiert werden. Was aber in der Praxis teilweise mit diesen Arbeitszeitkonten angestellt wird, ist nur schwer beschreibbar. Vielfach werden gigantische Summen an Überstunden angesammelt, die Zeiträume der Bezahlung willkürlich verlängert und die unbezahlten Stunden vom Unternehmer als selbstverständlicher ständiger zinsloser Kredit beansprucht. So wird ein erheblicher Teil des eigentlichen unternehmerischen Risikos mit auf die Arbeitnehmer abgewälzt. Dies verfehlt doch völlig den Sinn!

Arbeitszeitkonten sollten spätestens quartalsweise abgerechnet werden. Zulässig ist ein Überhang von maximal 24 Stunden, also drei Arbeitstagen, die mit in das nächste Quartal übernommen werden dürfen. Alle Stunden über diesem Limit sind vom Unternehmer im ersten Monat nach dem jeweiligen Quartal zu bezahlen. Die aus den Überstunden resultierenden Lohn- und Gehaltsanteile sind vom Staat gegenüber dem Arbeitnehmer und dem Arbeitgeber zusätzlich zu besteuern. Eine Übernahme von mehr als drei Arbeitstagen in das nächste Quartal ist strafbar.

Die vorgeschlagenen Maßnahmen mögen zunächst drastisch anmuten. Das müssen sie auch, denn sonst sind hier keine spürbaren Änderungen zu erreichen. Beide Parteien, also sowohl die Arbeitgeber als auch die Arbeitnehmer, müssen das Interesse an den Überstunden weitestgehend verlieren. Das Arbeitsrecht steht dem nicht entgegen. Auch ist die Durchsetzung dieser Maßnahmen in einem europäischen Staat mit einem einheitlichen europäischen Wirtschaftsraum und Arbeitsmarkt bei entsprechendem Engagement der Gewerkschaften und der Betriebsräte ohne Weiteres möglich.

> *Schwarzarbeit bekämpfen*

Schwarzarbeit ist kein Kavaliersdelikt, sondern gesetzeswidrige, illegale Arbeit, die Arbeitsplätze vernichtet bzw. diese gar nicht erst entstehen lässt. Hier ist sowohl seitens des Auftraggebers als auch seitens des Auftragnehmers echte kriminelle Energie am Werk. Beide Seiten handeln bewusst gesetzeswidrig und betrügen vorsätzlich. Ziel ist von vornherein die Verschaffung ganz persönlicher Vorteile sowie der Betrug gegenüber seriös arbeitenden Unternehmern, arbeitslosen Berufskollegen und dem Staat.

Es wird geschätzt, dass der Umfang der Schattenwirtschaft z. B. in Deutschland 2021 etwa 9,6 Prozent des Bruttoinlandproduktes (BIP) beträgt, in Griechenland 20,3 Prozent, in Italien 20,1 Prozent, in Spanien 16,9 Prozent und in Portugal 16,5 Prozent.[91]

Hier wird in Größenordnung Geld am Fiskus vorbeigeschleust. Geld, das gerade die Südstaaten Europas dringend benötigen würden. Schwarzarbeit entsteht aber nicht von selbst, sondern wird ganz bewusst organisiert. Auftraggeber und Auftragnehmer bleiben dabei „ganz unter sich". Man spricht nicht darüber, freut sich über den persönlichen Vorteil und darüber, dass den Mitbewerbern sowie dem Staat ein echtes „Schnippchen" geschlagen wurde.

Unter Schwarzarbeit leiden vorrangig kleine und mittelständische Unternehmen im handwerklichen Bereich. Das sind die Betriebe, die verstärkt Arbeitsplätze schaffen, da Art und Individualität der Aufträge, die an diese Unternehmen vergeben werden, bisher nur im begrenzten Maße eine Prozessautomatisierung ermöglichen. Vielfach ist hier noch eine direkte Proportionalität zwischen den eingegangenen Aufträgen und der Beschäftigung zu erkennen.

Schwarzarbeit ist deshalb nicht schlechthin eine kriminelle Handlung, die der Gesellschaft im höchsten Maße schadet, sondern sie ist auch zutiefst unmoralisch gegenüber dem eigenen Berufsstand.

Die Bekämpfung der Schwarzarbeit fordert Staat und Gesellschaft gleichermaßen.

Vorbildwirkung ist an dieser Stelle gefragt!

Gleichzeitig gilt es, im gemeinschaftlichen Handeln die Akteure der Schattenwirtschaft aufzuspüren und strafrechtlich zu verfolgen. Das Strafmaß muss für Aufraggeber und Auftragnehmer so einschneidend sein, dass es in Bezug auf Wiederholungen abschreckt und gleichzeitig zur Prävention beiträgt.

Neben der konsequenten Strafverfolgung sollte der europäische Staat gezielt Stimuli zur Beseitigung der Schwarzarbeit einsetzen. So weisen z. B. eine verstärkte partielle steuerliche Absetzbarkeit von Handwerker- und Dienstleistungen in die richtige Richtung.

> *Stärkung strukturschwacher Gebiete*

Wie vorn bereits gezeigt, zieht sich das Kapital in Sphären und Regionen, wo es sich am besten verwertet. An diesen Standorten entstehen pulsierende industrielle und kulturelle Ballungsgebiete; echte Macht- und Nervenzellen von Wirtschaft und Gesellschaft.

Im Gegenzug schließen unrentable Standorte und mit dem Abwandern der Wirtschaft beginnen für die betroffenen Territorien schwierige Zeiten. Die Arbeitslosigkeit steigt, die Steuereinnahmen sinken. Die Leistungsträger, ziehen der Arbeit hinterher oder versuchen ihr Glück in Gebieten und Ländern mit vermeintlich besseren Aussichten.

Mit den Unternehmen sterben die Territorien. Das öffentliche Leben kommt zum Erliegen. Ganze Städte und Landstriche verarmen, veröden und vergreisen.

Eine Belebung und Stabilisierung des öffentlichen Lebens in diesen Gebieten verlangt wieder nach unternehmerischen Initiativen.

Wer aber soll in ernsthafter Absicht solche Initiativen entwickeln, wenn die Erfolgsaussichten von vornherein mehr als düster sind?

Hier sind staatliche Unterstützungen in Form von gezielten Ansiedlungshilfen und Förderprogrammen notwendig. Beispielgebend dafür könnte ein in der europäischen Landwirtschaft aufgelegtes Förderprogramm sein, welches, mit dem Ziel der Sicherung einer flächendeckenden Landbewirtschaftung für Gebiete, die z.B. durch Bodenqualität, Klima, Oberflächenstruktur u.Ä. benachteiligt sind, eine Ausgleichszulage gewährt.

Mit solchen Programmen wäre die Stimulierung unternehmerischer Initiativen und damit der Erhalt bzw. die Schaffung neuer Arbeitsplätze in strukturschwachen Gebieten generell möglich. So könnte z.B. ein Händler, der ein Geschäft im ländlichen Raum betreibt und vom möglichen Umsatz nicht überleben kann, eine entsprechende monatliche staatliche Ausgleichszulage erhalten, die den Fortbestand des Geschäftes und damit eine territorial nahe Versorgung der Bevölkerung sowie den Erhalt der Arbeitsplätze sichert. Gleiches wie für den Handel wäre auch für das Handwerk u. a. Branchen möglich.

Staatliche Eingriffe dieser oder ähnlicher Art sind unumgänglich, wenn man in Zukunft eine gesunde Territorialstruktur erhalten und die Herausbildung völlig überdimensionierter, über die Zeit nicht mehr beherrschbarer Ballungsgebiete vermeiden will.

› Bildung fördern

Die außerordentliche Bedeutung der Bildung für die Gesellschaft und für die Chancen des Einzelnen auf dem Arbeitsmarkt ist unbestritten. Aus- und Weiterbildung müssen deshalb den Interessen der gesellschaftlichen Entwicklung entsprechen und auf dem aktuellen Erkenntnisstand von Wissenschaft und Technik aufbauen. Eine Gesellschaft verliert den Anschluss, wenn sie die Bildung der Menschen, die in ihr leben, vernachlässigt oder falsch orientiert.

Aus- und Weiterbildung liegen deshalb stets in Verantwortung der gesamten Gesellschaft.

Ist die Akzeptanz in Bezug auf die Ausbildung der Kinder und Jugendlichen vom Kindergarten bis hin zu Beruf und Studium in der Gesellschaft weitestgehend vorhanden, so steht man den Problemen der Weiterbildung doch wesentlich differenzierter gegenüber. Besonders unterschätzt wird dabei die berufliche Weiterbildung. Die rasanten wissenschaftlich-technischen Entwicklungen und gesellschaftlichen Veränderungen erfordern aber eine permanente Aktualisierung und Erweiterung des bereits vorhandenen Wissens, die Einarbeitung in angrenzende Fachgebiete, das Erlernen von Fremdsprachen, das Verstehen anderer Kulturen u. Ä.

In unserer schnelllebigen Zeit wird die Weiterbildung zu einem ständigen Lebensbegleiter der Menschen. Die Unternehmen selbst stehen hier hinsichtlich ihrer Mitarbeiter, aber auch in Bezug auf die gesamte Gesellschaft in besonderer Verantwortung. Gleichzeitig ist jeder für sich gut beraten, wenn er z. B. bereits während eines bestehenden Arbeitsverhältnisses selbstständig auf seine regelmäßige Qualifizierung achtet und diesbezüglich auch ein ganz spezielles finanzielles Budget einplant.

Für arbeitslose Menschen hat die Weiterbildung eine ganz besondere Bedeutung. Hier sind Qualifizierungen, z. B. im Rahmen von Fortbildungs- und Umschulungsmaßnahmen oder einer gezielten fachlichen Unterstützung bei erneuter betrieblicher Einarbeitung, ein besonderer Hebel, um diese Menschen wieder in geregelte Arbeitsverhältnisse zurückzuführen.

Aufgrund der Situation auf dem europäischen Arbeitsmarkt gelingt dies aber leider auch trotz Qualifizierung vielfach nicht. Den oberflächlichen Betrachter veranlasst das deshalb vorschnell solche Maßnahmen als unsinnig oder als eine reine Verschwendung öffentlicher Gelder abzuwerten. Dabei wird übersehen, dass diese Maßnahmen neben der bildenden vor allem auch eine soziale Komponente haben. Qualifizierungsmaßnahmen zwingen den Arbeitslosen zu einem geregelten Tagesablauf, erhalten den Arbeit-Freizeit-Rhythmus, fordern die Auseinandersetzung mit dem Team, stärken Selbstvertrauen und Optimismus und sichern den Kontakt zur Gesellschaft. Diese Maßnahmen tragen damit ganz entscheidend zur Erhaltung der Arbeitskraft des arbeitslos Gewordenen bei, auch wenn die Vermittlungen am Ende einer Maßnahme nicht immer erfolgreich sind.

Zur Bekämpfung der Arbeitslosigkeit in Europa ist es weiterhin von unbedingter Notwendigkeit, dass die Bereitschaft der Europäer wächst, auch in den anderen Unionsländern eine Arbeit anzunehmen. Gefragt ist also eine hohe Mobilität der Arbeitnehmer, um bestehende Disproportionen auf dem europäischen Arbeitsmarkt zielstrebig auszugleichen.

Gegenwärtig ist die Wanderung der Arbeitskräfte zwischen den EU-Ländern noch mangelhaft. Sprach- und kulturelle Barrieren oder auch die Unterschiedlichkeiten der Bildungsabschlüsse und ihre Anerkennung sind dafür keine unwesentlichen Gründe. Diese Hemmnisse gilt es zielstrebig abzubauen, denn sie verursachen nicht nur schlechthin wirtschaftlichen Schaden, sondern sie schaden ganz erheblich der europäischen Idee überhaupt. Die Einführung einer europäischen Amtssprache ist deshalb ein unbedingtes Erfordernis. Sie wird ganz wesentlich zur Verständigung und zur Bewegung der Menschen zwischen den Unionsländern beitragen.

4.5 Europas Amtssprache

Die europäische Sprachenvielfalt wirkt dem Zusammengehörigkeitsgefühl der Europäer und damit dem Zusammenwachsen Europas massiv entgegen. Sie fördert weder die europäische Migration noch die Entwicklung einer breiten europäischen Öffentlichkeit, sondern hemmt vielmehr die Herausbildung eines europäischen Staatsvolkes und erneuert immer wieder den Status des „Fremdseins".

Die Sprachbarrieren sind für jeden Europäer bei Fahrten in die europäischen Nachbarländer, aber auch bei Begegnungen im eigenen Land immer wieder hautnah spürbar. Tiefgreifende Gespräche mit einfachen Bürgern kommen vielfach gar nicht zustande, weil man sich ganz einfach nicht verständigen kann. Das Schulenglisch und was davon infolge mangelnden Trainings noch übrig geblieben ist, reicht für eine längere Konversation nicht aus. In der Regel ist man froh, wenn z. B. im Urlaub mit seinem Gegenüber die dringendsten Probleme geklärt sind und dabei bleibt es dann auch. Glücklicher verläuft es, wenn man als Deutscher im Ausland auf ältere Menschen trifft. Sie können infolge der deutschen Besatzung während des Dritten Reiches oft noch ganz gut Deutsch.

Auch in den Institutionen und Gremien der EU bereitet die europäische Sprachenvielfalt außerordentliche Probleme. Bei 552 möglichen Sprachkombinationen ist eine regelrechte Flut von Dolmetschern allein nur damit beschäftigt Reden, Dokumente u. Ä. in die jeweiligen Landessprachen zu übersetzen.[92] Dies erschwert zügige Verhandlungen, zögert Entscheidungen hinaus, leistet Missverständnissen Vorschub, erhöht den Personalaufwand und verhindert den direkten sprachlichen Kontakt der Redner untereinander, da zwischen Sender und Empfänger stets der Dolmetscher als Mittler geschaltet werden muss. Sprachliche Feinsinnigkeiten der Gesprächspartner, Unter- und Zwischentöne, gewählte Sprachnuancen, persönliche Meinungen, die man nur unter vier Augen äußert, gehen zwangsläufig verloren. Ein gewisser Subjektivismus bei den Sprachmittlern selbst ist ebenfalls nicht ausgeschlossen.

Die Sprachbarrieren bleiben lästige Realität, auch wenn die moderne Technik hier immer schnellere und zuverlässigere Lösungen anbietet. Face to Face bleibt eine andere Ebene.

Europa kann nur ein fruchtbringendes Ganzes werden, wenn auch seine Bevölkerung im innersten zusammenwächst. Dies verlangt eine umfassende Kommunikation und Konversation zwischen allen Gruppen und Schichten der europäischen Bevölkerung, die Herausbildung einer lebhaften europäischen Demokratie, echter europäischer Parteien, Gewerkschaften und Medien, sowie die Formierung einer aktiven europäischen Zivilgesellschaft. Es verlangt nach persönlichen Kontakten, in denen Probleme diskutiert, Erfahrungen ausgetauscht, Meinungen und Standpunkte gebildet, Misstrauen, Vorurteile und Hemmnisse überwunden und über alle Klassen, Schichten und Altersgruppen hinweg Freundschaften, Bündnisse und Beziehungen geschlossen werden.

Die europäische Sprachenvielfalt, ergänzt noch durch die unterschiedlichen Schriftsysteme, dient diesen Prozessen nicht. Im übertragenen Sinne gilt auch hier die Feststellung des österreichischen Philosophen Ludwig Wittgenstein: „Die Grenzen meiner Sprache sind die Grenzen meiner Welt", welche er in seinem Werk: „Tractatus logico-philosophicus" veröffentlichte. Europa muss zu einer völlig neuen Qualität finden, wenn es zusammenwachsen und seine Zukunftschancen in einer globalen multipolaren Welt nicht verspielen will.

Infolge der Vielfalt und Unterschiedlichkeit der europäischen Sprachen ist das Überwinden der Sprachbarrieren nicht durch das Erlernen der einzelnen Nationalsprachen möglich. Notwendig wird deshalb die Einführung einer einheitlichen und verbindlichen europäischen Amtssprache.

Eine europäische Amtssprache beschädigt weder die nationalen Kulturen noch das Nationalbewusstsein oder das nationale Selbstwertgefühl der Menschen in dem jeweiligen Land. Eine gemeinsame Amtssprache bedeutet auch nicht, dass die Völker ihre bisherige Muttersprache generell aufgeben müssen, sondern sie ist vielmehr Ausdruck nach dem Wunsch einer übergreifenden Völkerverständigung. Sie verkörpert den ernsthaften Willen der europäischen Bevölkerung in Frieden und Freiheit zu einem einheitlichen europäischen Staatsvolk mit einer eigenen europäischen Identität zusammenzuwachsen.

Aber welche Sprache soll Amtssprache der Europäer werden?

Esperanto hätte auch hier den Vorteil der Neutralität. Die internationale Bedeutungslosigkeit dieser Sprache lässt aber keine Favorisierung zu.

Aus historischer Sicht könnte auch das Latein eine Option sein. Latein führt zurück ins Imperium Romanum. Mit der römischen Kultur breitete sich die lateinische Sprache über Westeuropa und Nordafrika aus. Im Mittelalter wurde sie die Sprache der Diplomaten, der Justiz, der Wissenschaft und der Kirche.

Latein würde die Verbindung zum heute noch vielfach prägenden römischen Erbe herstellen und über diese gemeinsamen Wurzeln den europäischen Völkern ausreichend Möglichkeiten zur Akzeptanz bieten. Keine Nation müsste sich vornehmlich zurückgesetzt oder brüskiert fühlen.

Der entscheidende Mangel des Lateins besteht aber darin, dass diese Sprache für die moderne internationale Kommunikation keinerlei Bedeutung hat. Es ist eine „tote Sprache" und damit als europäische Amtssprache denkbar ungeeignet. Europa würde sich mit Latein als Amtssprache, in ähnlicher Weise wie mit Esperanto, im Weltverband von vornherein sprachlich isolieren.

Im Zusammenhang mit der Reorganisation der Vereinten Nationen wurde vorn bereits auf die Vorteile der modernen englischen Sprache verwiesen und Englisch als internationale Verkehrssprache favorisiert. Diese moderne Sprache bietet auch den Europäern alle Voraussetzungen für eine umfassende europäische und internationale Kommunikation.

Englisch ist als Amtssprache des souveränen demokratischen Staates „Europäische Union" bestens geeignet. Diese einheitliche europäische Amtssprache wird entscheidend mit dazu beitragen, dass nationale und kulturelle Grenzen in den Hintergrund treten und die europäischen Völker zu einem international geachteten Staatsvolk zusammenwachsen.

In Europa hat die englische Sprache ihre Wurzeln bereits breit gefächert. Englisch ist die Sprache des Business und gegenwärtig überhaupt die einzige praktisch relevante Sprache, in der sich die europäische Bevölkerung mehr oder weniger umfangreich länderübergreifend verständigen kann. Fast alle europäischen Länder bieten diese Sprache in den Schulen als Zweitsprache zum Erlernen an. Es zeigt sich aber auch, dass das vor Jahren erlernte und später oft nur noch im Urlaub angewandte Schulenglisch für eine umfassende Konversation oder gar für einen durch alle Schichten der europäischen Bevölkerung getragenen politischen Diskurs keinesfalls ausreichend ist. Das tägliche Leben zwingt die Menschen ganz einfach nicht zum ständigen praktischen Gebrauch dieser Sprache. Eine Amtssprache verändert dies und hebt die europäische Kommunikation auf eine völlig neue Ebene.

Die Einführung der europäischen Amtssprache gilt es exzellent vorzubereiten. Diese beginnt bei einer europaweit angelegten Überzeugungsarbeit, die alle Schichten der Bevölkerung durchzieht, die den Europäern die Notwendigkeit dieser Maßnahme vermittelt, die Einsicht, Begeisterung, Initiative und Aufbruchsstimmung weckt, geht über die Bereitstellung der Lehrkräfte und Lehrmittel, einer flächendeckenden Organisation mehrstufiger Sprachlehrgänge und Sprachpraktika, dem gezielten unterstützenden Einsatz der Medien bis hin zur Bereitstellung der benötigten finanziellen Mittel.

An den Gymnasien, Hochschulen und Universitäten wird die Übernahme der Amtssprache weniger problematisch sein, da Gymnasiasten und Studenten sowie der Lehrkörper bereits heute über gute Englischkenntnisse verfügen. Auch liegt ein Großteil der Fachliteratur bereits in Englisch vor.

Eine ganz besondere Aufmerksamkeit erfordert dagegen die Heranführung der Kinder und Jugendlichen an die europäische Amtssprache. Hier sind neben dem Elternhaus insbesondere auch die Kindertagesstätten und Schulen gefordert.

Die Einführung der europäischen Amtssprache ist eine Aufgabe von wahrhaft historischer Dimension. Entsprechend werden auch die Widerstände sein. Die Amtssprache berührt jeden Europäer und ihr Erlernen macht ganz einfach Mühe, was für jede Person mit mehr oder weniger großem Aufwand verbunden ist. Viele Widerstände werden deshalb ihre wahren Ursachen auch nicht in einem verletzten Nationalstolz oder in der Gefahr der Schwächung der nationalen Identität haben, sondern hauptsächlich im ganz persönlichen Bereich zu suchen sein.

Um von der eigenen Bequemlichkeit oder dem eigenen Unvermögen eine weitere Sprache erlernen zu können abzulenken, wird man vielfach an einflussreicher und medienwirksamer Stelle versuchen, nationale, kulturelle oder historische Bedenken gegen die Amtssprache vorzuschieben.

Diese Widerstände können aber der Notwendigkeit, in Europa zu einer gemeinsamen verbindlichen Amtssprache zu finden, auf Dauer nicht standhalten. Die europäische Amtssprache wird sich nach anfänglichen Schwierigkeiten bei der europäischen Bevölkerung durchsetzen. Sie ist für die Herausbildung eines europäischen Staatsvolkes unverzichtbar.

5 SCHLUSSBEMERKUNGEN

Die Wirtschaft hat die atemberaubenden Entwicklungen in Wissenschaft und Technik der letzten Jahrzehnte auch unter dem Druck der Konkurrenz für ihre Zwecke genutzt und sich umfassend global organisiert. Dieser Prozess ist unumkehrbar, auch wenn Störungen, z.B. ausgelöst durch nationalistische Kräfte, Protektionismus oder andere Ereignisse, ihn vorübergehend hemmen. Das Kapital ist international aufgestellt und hat sich dem nationalen Einfluss weitestgehend entzogen. Politik und Arbeiterbewegung sind dieser Entwicklung nur unzureichend gefolgt. Das Festhalten am nationalen Rahmen und an nationaler Macht, hat ihren Einfluss auf das internationale Geschehen erheblich eingeschränkt, sodass vorrangig auch die Wirtschaft die Spielregeln der internationalen Entwicklung auf unserer Erde bestimmt. Die Politik ist zum Getriebenen der globalen Wirtschaft geworden.

Das Primat kann die Politik nur dann zurückgewinnen und künftig behaupten, wenn sie sich in ähnlicher Weise wie die Wirtschaft ebenfalls global organisiert und zu der Erkenntnis gelangt, dass Politik nur dann noch wirklichen Einfluss hat und von echter internationaler Tragweite ist, wenn sie international abgestimmt und Bestandteil eines weltumspannenden politischen Gesamtkonzeptes ist. Nationale Alleingänge werden immer wieder scheitern, denn kein Land der Erde ist allein noch dazu in der Lage, entscheidend auf die Entwicklungsrichtung unserer Welt Einfluss zu nehmen.

Die Vereinten Nationen sind geradezu prädestiniert, als autorisierte politische Macht die internationale Staatengemeinschaft zu führen, alle Länder und Völker unserer Erde gleichberechtigt zu repräsentieren und das globale Wirtschaften mithilfe der „Regulierten internationalen Marktwirtschaft" in den Dienst der gesamten Menschheit zu stellen. Deshalb ist es notwendig, dass sich diese Organisation entsprechend den Anforderungen unserer Zeit reformiert, die Klammern der Siegermächte des Zweiten Weltkrieges sprengt und zu einer autorisierten, kompetenten und von allen Völkern geachteten Schaltzentrale der Weltpolitik und der Weltwirtschaft avanciert.

Sollten sich die Vereinten Nationen, allen Erwartungen zum Trotz, tatsächlich als reformunfähig erweisen, wird diese internationale Organisation über die Zeit weiter ernsthaft an Bedeutung verlieren. Dies kann sich kein verantwortungsvoller Mensch auf unserer Erde auch nur im Entferntesten wünschen.

Tritt Derartiges aber tatsächlich ein, ist der Aufbau einer neuen autorisierten internationalen Organisation, die die Aufgaben, wie sie vorn im Text beschrieben wurden, übernehmen kann, von unbedingter Notwendigkeit. Die Welt darf nicht wieder in unversöhnliche Machtblöcke zerfallen. Wir brauchen keinen neuen „Kalten Krieg" z. B. zwischen den USA und China. Der zwischen den USA und der Sowjetunion war als Erfahrung völlig ausreichend und hat die Menschheit mehrfach an den Rand des Abgrundes gebracht.

Es ist ein allerhöchstes Gut, ein Leben in Frieden und Freiheit, gepaart mit Wohlstand und Würde, führen zu können. Vieles davon ist gerade auch in den entwickelten Industrienationen erreicht. Lernen wir, diese Werte zu schätzen, und setzen wir alles daran, sie zu erhalten. Verhelfen wir gleichzeitig auch anderen Nationen unserer Erde zu einem ähnlichen Wohlstand und zu ähnlichen Wertestandards. Die westlichen Industrienationen sind hier in der Pflicht, denn sie tragen am Schicksal vieler Schwellen- und Entwicklungsländer ganz erheblich Mitschuld. Helfen wir den Menschen in diesen Ländern, sodass sie in ihrer angestammten Heimat bleiben und dort ein freies und zukunftsorientiertes Leben führen können. Tragen wir nicht Egoismus, Zwietracht, Unterdrückung und Krieg in die Welt, sondern unterstützen wir alles, was der Schöpfung und dem Zusammenleben der Menschen in Frieden, Freiheit, Würde und Wohlstand auf unserer Erde dient.

Auch wenn die notwendigen weltpolitischen Veränderungen, wie sie vorn beschrieben wurden, vielleicht nicht sofort vollständig, sondern zunächst nur schrittweise umsetzbar sind, geben sie doch eine zielführende Orientierung für die Zukunft. Die Geschichte beweist, solche Veränderungen sind möglich, wenn die Menschen und Völker sie ernsthaft wollen. Einmal angestoßen, gewinnen sie dann aber nicht selten auch rasch an Eigendynamik, was in sich die Gefahr birgt, dass die gesamte Bewegung außer Kontrolle gerät und in ein nicht gewolltes Fahrwasser abdriftet.

Politische Systeme sind in der Regel träge Systeme und besitzen die außerordentliche Fähigkeit, sich sehr lange immer wieder mehr oder weniger erfolgreich stabilisieren zu können. Dabei ist es zunächst unerheblich, ob dies durch die Mobilisierung eigener materieller oder ideologischer Reserven erfolgt, durch äußere Einwirkungen oder durch eine Kombination von beidem. Erst wenn diese Stabilisierungsmaßnahmen nicht mehr greifen, gehen sie zugrunde. Diese Phase verläuft dann allerdings nicht selten in einem atemberaubenden Tempo. Die Ereignisse überschlagen sich förmlich. Was gerade noch da und richtig war, ist im nächsten Moment schon weg und falsch. Die Gesellschaft ist völlig überfordert und vieles läuft vollständig aus dem Ruder. Niemand weiß, wohin „die Reise" geht. Gleichzeitig schwillt die Schar derjenigen, die gestern noch völlig ohne Plan und Vorstellung waren, jetzt aber ihre Chance wittern und das Wohin und Danach bestimmen möchten, erschreckend an. Je einfacher die angebotenen Lösungen und je schlagkräftiger die Argumentation, desto besser.

Hier ist Vorsicht geboten und es bedarf eines Höchstmaßes an Verantwortung eines jeden von uns, dass es zu solch einer unkontrollierten Situation gar nicht erst kommt. Wir müssen nicht warten, bis die Systemreserven aufgebraucht sind, sondern es gilt alles daranzusetzen, dass die Systeme dynamisch den Erfordernissen unserer Zeit angepasst werden. Setzen wir also nicht unsere demokratischen Freiheiten und unseren Wohlstand leichtfertig aufs Spiel, sondern stellen wir uns, auch im Interesse nachfolgender Generationen, den Erfordernissen unserer Zeit und gestalten wir danach zielstrebig unsere Zukunft.

QUELLEN UND ANMERKUNGEN

1 Siehe: Fukuyama, F.: The end of history?, in: The National Interest, Summer 1989

2 https://www.faz.net/aktuell/politik/ausland/un-generalsekretaer-fordert-ausrufen-des-klima-notstands-17099252.html

3 https://www.bertelsmann-stiftung.de/fileadmin/files/BSt/Publikationen/GrauePublikationen/NW_Globalisierungsreport_2016.pdf

4 https://www.tagesschau.de/wirtschaft/handelspakt-china-asien-pazifik-101.html

5 https://www.unicef.de/informieren/aktuelles/blog/kinderarbeit-fragen-und-antworten/166982

6 http://acemaxx-analytics-dispinar.blogspot.com/2011/03/lohne-in-amerika-eine-trautige-aber.html

7 https://de.statista.com/statistik/daten/studie/17332/umfrage/arbeitslosenquote-in-den-usa/

8 https://www.contra-magazin.com/2018/06/un-armutsbericht-eine-abrechnung-mit-dem-us-system/

9 Krugman, P.: Der amerikanische Alptraum, in: Die Zeit, vom 20.10.2002, S. 25

10 https://de.statista.com/statistik/daten/studie/38056/umfrage/saisonbereinigte-arbeitslosenquote-in-ez16-und-eu27/

11 https://de.statista.com/statistik/daten/studie/74795/umfrage/jugendarbeitslosigkeit-in-europa

12 https://de.statista.com/statistik/daten/studie/13038/umfrage/saisonbereinigte-arbeitslosenquote-deutschland-monatsdurchschnittswerte/

13 https://de.statista.com/statistik/daten/studie/189105/umfrage/jugendarbeitslosenquote-nach-bundeslaendern/

14 http://www.zeit.de/wirtschaft/2015-05/oecd-vermoegen-deutschland-soziale-ungleichheit

15 http://www.boeckler.de/52621_53040.htm

[16] https://de.statista.com/statistik/daten/studie/4275/umfrage/anteil-der-hartz-iv-empfaenger-an-der-deutschen-bevoelkerung/

[17] https://www.fr.de/wirtschaft/armut-deutschland-job-arbeit-arm-rente-einkommen-alleinerziehend-rentner-statistik-geld-leben-frankfurt-ltt-zr-90184137.html

[18] https://www.bertelsmann-stiftung.de/fileadmin/files/BSt/Publikationen/GrauePublikationen/291_2020_BST_Facsheet_Kinderarmut_SGB-II_Daten_ID967.pdf

[19] Kemfert, C., Müller, G.: Exportieren wir Nachhaltigkeit, in: WirtschaftsWoche Nr. 35, vom 21.08.2020, S. 12

[20] Sinn, H.-W.: Ökonomik der Apokalypse, in: WirtschaftsWoche Nr. 12, vom 21.03.2011, S. 5

[21] Marx, K., Engels, F.: Manifest der Kommunistischen Partei, in Marx Engels Werke (MEW) Bd. 4, Dietz Verlag, Berlin 1972, S. 466

[22] Jakobs, H.-J.: Wem gehört die Welt? – Die Machtverhältnisse im globalen Kapitalismus, 4. Auflage, Copyright der Originalausgabe 2016 beim Albrecht Knaus Verlag, München, S. 677

[23] http://www.zeit.de/wissen/2013-06/weltbevoelkerung-wachstum-UN-stiftung

[24] http://www.bmbf.de/pubRD/Umsetzungsempfehlungen_Industrie4_0.pdf

[25] Die technische Zusammensetzung des Kapitals wird hier im Sinne der Marx'schen Terminologie verstanden. Siehe auch: Marx, K.: Das Kapital, in Marx Engels Werke (MEW) Bd. 25, Dietz Verlag, Berlin 1973, S. 154

[26] Vgl. Arbeit 2030 Prognose, in: WirtschaftsWoche Global Nr. 1, vom 12.09.2011, S. 50–51

[27] Siehe: Neues Ziel, in: WirtschaftsWoche Nr. 37, vom 08.09.2014, S. 9

[28] Perspektiven & Debatten: Das Rennen ist offen, in: WirtschaftsWoche Nr. 33, vom 16.08.2010, S. 101

[29] Vgl. Weizsäcker, C. C. von: Effizienz und Verteilungsgerechtigkeit – Ein Widerspruch? in: Ethische Grundfragen der Wirtschafts- und Rechtsordnung, hrsg. v. D. Rahmsdorf und H.-B. Schäfer, Berlin 1988, S. 25

[30] Vgl. Jakobs, H.-J.: Wem gehört die Welt? – Die Machtverhältnisse im globalen Kapitalismus, a. a. O., S. 599

[31] a. a. O., S. 670

QUELLEN UND ANMERKUNGEN

[32] a.a.O., S. 670

[33] Vgl. Tichy, R.: Das sanfte Monster, in: WirtschaftsWoche Nr. 27, vom 02.07.2012, S. 3

[34] http://www.spiegel.de/karriere/berufsstart/wirtschaftselite-wer-hat-die-beste-seilschaft-a-755746.html

[35] https://www.wiwo.de/erfolg/management/gehaelter-konzernchefs-verdienen-gut-330-mal-mehr-als-ihre-arbeiter/13608668.html

[36] http://www.tagesspiegel.de/kultur/soziologe-michael-hartmann-die-elite-gefaehrdet-die-demokratie/1172760.html

[37] Liedtke, R.: Wem gehört die Republik? Eichborn AG, Frankfurt/Main, 2005, S. 8

[38] https://de.statista.com/statistik/daten/studie/2274/umfrage/entwicklung-der-wahlbeteiligung-bei-bundestagswahlen-seit-1949/

[39] http://www.wahlrecht.de/news/2014/landtagswahl-sachsen-2014.ht

[40] Thurow, L.: Die Zukunft der Weltwirtschaft, Campus Verlag GmbH, Frankfurt/Main 2004, S. 140

[41] http://wirtschaft.t-online.de/dollar-weltbank-sieht-ende-seiner-herrschaft/id_46524412/index

[42] http://ec.europa.eu/social/main.jsp?langId=de&catId=637

[43] http://ec.europa.eu/social/main.jsp?catId=751&langId=de

[44] Reich, R.: Nachbeben, Campus Verlag GmbH, Frankfurt/Main 2010, S. 32

[45] Schmidt, H.: Die Selbstbehauptung Europas, Deutsche Verlags-Anstalt GmbH, Stuttgart/München 2000, S. 230

[46] Blüm, N.: Gerechtigkeit, Verlag Herder, Freiburg im Breisgau 2006, S. 48

[47] Lenin, W. I.: Die große Initiative, Dietz Verlag, Berlin 1971, Bd. 29, S. 416

[48] Gersmann. O., Kutter, S.: Für die biologische und kulturelle Evolution des Menschen ist Konkurrenz essenziell, in: WirtschaftsWoche Nr. 23, vom 29.05.2003, S. 29

[49] Siehe: Flassbeck, H., Davidson, P., Galbraith, J. K., Koo, R., Ghosh, J.: Handelt jetzt!, Das globale Manifest zur Rettung der Wirtschaft, Westend Verlag GmbH, Frankfurt/Main 2013, S. 83

[50] Vgl. Monbiot, G.: United People, Manifest für eine neue Weltordnung, Riemann Verlag, München 2003, S. 100

[51] http://www.unric.org/de/charta

[52] https://www.uno-fluechtlingshilfe.de/informieren/fluechtlingszahlen

[53] http://www.unric.org/de/aufbau-der-uno

[54] Monbiot, G.: United People, Manifest für eine neue Weltordnung, Riemann Verlag, München 2003, S. 84

[55] http://www.ag-friedensforschung.de/themen/UNO/ruf2.html

[56] Vgl. Khanna, P.: In Asien zählen Ergebnisse, in: WirtschaftsWoche Nr. 3, vom 10.01.2020, S. 37

[57] https://de.wikipedia.org/wiki/New_Development_Bank

[58] Der neue Kosmos Welt-Almanach & Atlas 2022, Daten/Fakten/Karten, Franckh-Kosmos Verlags-GmbH & Co. KG, Stuttgart 2021, S. 430

[59] a. a. O., S. 91

[60] a. a. O., S. 185

[61] Großes Lexikon A bis Z, ISIS Verlag, Chur 1995, S. 16

[62] http://www.welt.de/politik/ausland/article4309886/Mehr-als-eine-Milliarde-Menschen-leben-in-Afrika.html

[63] Vgl. Meckel, M.: Verbale Abrüstung, in: WirtschaftsWoche Nr. 48, vom 20.11.2015, S. 3

[64] Vgl. Giorgos, M.: Das wird das Waterloo der Sozialpartnerschaft, in: Junge Welt, vom 21.10.2006, Wochenendbeilage

[65] https://ichmeinsgut.de/2020/05/der-dollar-ist-unsere-waehrung-aber-euer-problem/

[66] Vgl. Politik & Weltwirtschaft, Wir haben Machtpolitik verlernt, in: WirtschaftsWoche Nr. 11, vom 10.03.2014, S. 31

[67] https://www.haufe.de/steuern/gesetzgebung-politik/globale-mindeststeuer-fuer-unternehmen_168_546690.html

[68] https://europarl.europa.eu/election-results-2019/de/wahlbeteiligung/

[69] Vgl. Mehr Willy Brandt wagen, in: Frankfurter Allgemeine Zeitung Nr. 117, vom 23.05.2013, S. 25

[70] Politik & Weltwirtschaft, Unbeliebt wie nie, Interview mit Herrn Schulz, in: WirtschaftsWoche Nr. 50, vom 10.12.2012, S. 28

[71] Vgl. Mehr Willy Brandt wagen, in: Frankfurter Allgemeine Zeitung Nr. 117, vom 23.05.2013, S. 25

QUELLEN UND ANMERKUNGEN

[72] Verfassungen der EU-Mitgliedstaaten, Deutscher Taschenbuch Verlag GmbH & Co. KG, München 2005, S. 255 ff.

[73] http://www.weltalmanach.de/archiv/archiv_detail.php?id=1519

[74] Armin, H. H. von: Das Europa-Komplott, Carl Hanser Verlag, München/ Wien 2006, S. 19

[75] a. a .O., S. 23

[76] a. a. O., S. 27

[77] Koch, D.: Die Brüsseler Republik, in: Der Spiegel 52/1999, vom 27.12.1999, S. 136

[78] http://ec.europa.eu/education/languages/languages-of-europe/index_ de.htm

[79] Politik & Weltwirtschaft, Spiel mit dem Feuer, in: WirtschaftsWoche Nr. 44, vom 29.10.2012, S. 34

[80] http://deutsche-wirtschafts-nachrichten.de/2013/07/01/usa-brueskiert-bruessel

[81] http://de.wikipedia.org/wiki/Elizabeth_Bowes-Lyon

[82] https://de.wikipedia.org/wiki/Europ%C3%A4ischer_Gewerkschaftsbund

[83] http://www.boeckler.de/pdf/bb_sevilla_manifest_auszug.pdf

[84] ttps://www.dgb.de/themen/++co++3e568f2a-8207-11e0-4872-00188b4dc422

[85] https://de.wikipedia.org/wiki/Europ%C3%A4ischer_Gewerkschaftsbund

[86] https://www.labournet.de/politik/gw/gw-international/14-kongress-des-europaei

[87] Schuhmacher, E.: Arbeitslosigkeit und psychische Gesundheit. Ergebnis der Forschung, München Profi 1986, S. 61

[88] Vgl. Landes, D.: Die Macht der Familie, Pantheon Verlag, 1. Auflage 2008, Copyright der deutschsprachigen Ausgabe 2006 by Siedler Verlag, München, S. 199

[89] http://www.handelsblatt.com/amerikas-arbeit-wandert-aus/2321374.html

[90] Vgl. Hopfenbeck, W.: Allgemeine Betriebswirtschafts- und Managementlehre, Verlag Moderne Industrie, Landsberg am Lech 1989, S. 273

[91] https://de.statista.com/statistik/daten/studie/163720/umfrage/schattenwirtschaft-in-der-oecd-2010/

[92] https://www.europarl.europa.eu/news/de/faq/21/welche-sprachen-werden-im-parlament-verwendet

Neben den in den Quellen und Anmerkungen aufgeführten Literaturnachweisen haben mir Zeitungsartikel, Agenturmeldungen, die Internet-Enzyklopädie Wikipedia, der jährlich erschienene Fischer Weltalmanach in Zahlen, Daten, Fakten sowie Der neue Kosmos Welt-Almanach & Atlas 2022, Daten/Fakten/Karten wertvolle Erkenntnisse zur vorn abgehandelten Problematik gegeben.